自分のままで圧倒的に美しい

佐伯裕介
メイクアップアーティスト

ダイヤモンド社

はじめに

はじめまして、メイクアップアーティストの佐伯裕介です。

僕は普段、アジア圏を中心に、国内外のファッション誌や広告、ランウェイショーをはじめとするさまざまな現場で、モデルや女優のメイクをしたり、一般の方向けのメイクレッスンを行なったりしています。

人種も、顔立ちも、年齢も違う人たちにさまざまなデザインのメイクをする中で、僕は「メイクは大きく2つに分けられる」ということに気づきました。

ひとつは、流行のメイクやコスメで顔を飾って美しく見せるもの。そしてもうひとつは、顔のバランスを整えたり、それぞれのパーツを際立たせたりすることで、その人がもともと持っている美しさを引き出し、最大限美しく見せるものです。

前者は、雑誌やSNSなどにたくさんの情報がありますが、後者については、あまり紹介されることがありません。ですが本当は、後者こそメイクに不可欠なもの。本来、メイクはすればするほど美しくなるはずですが、このことを知っていないと、どんなにきれいなメイクをしたとしても、メイク感が出るばかりで、自分の顔を美しく見せることはできないからです。

ですから、僕が本書でご紹介したいのは、後者の「自分の美しさを引き出し、圧倒的に美しく見せる」メイクです。


人の顔には、顔立ちや年齢にかかわらず、「ここをこうすると誰でも美しく見える」という、共通したポイントがあります。そのポイントさえ踏まえれば、どんな人でも確実に美しく見えるメイクが完成します。

たとえば、ベースメイク。美しい顔に入る光と影は、どんな顔立ちや年齢でもみんな同じです。顔の中の明るくしたいところ、影がほしいところの位置を覚えて、ファンデーションの塗り方を工夫するだけで、誰もが立体的な小顔に見えるようになります。

アイメイクも同様です。一重や二重など目の形はそれぞれ違っても、「上まつげの生え際に最も近いところが暗くなっている」というのが、誰の目元も自然かつ印象的に引き立つ、共通のポイント。これを実現するアイシャドウの入れ方は、「アイホールに沿った丸」より、「まつげの生え際に沿った横長の四角」です。

これらは僕が、誰にどんなメイクをするときも必ず行なっている、その人本来の美しさを引き出すテクニック。メイクにかけられる時間が限られているときや、まるでメイクをしていないかのようにナチュラルに仕上げなければならないときにも、絶対に省かない大切な押さえどころばかりを、本書にはギュッと詰め込みました。そして、「なぜそうするのか」という理由とともに、それぞれをわかりやすくご紹介しています。

実践していただくと、「何をしているのかわからないのに、いつもと全然違う！」「もとがいいから、そんな薄いメイクで済むのね」なんて言われてしまうほど、ナチュラルなのに段違いの効果を得られるはずです。

また、ポイントメイクで迷いがちな色味やトーンは、特にアジア人の肌になじみ、映えるものを、選び方の基準とともにご紹介しました。

今はいろいろなメイクがあって、「ナチュラルが好き」「コンサバが落ち着く」「雰囲気のあるものがいい」など、好きなものを自由に選べる時代です。だから、飾り方や使うコスメは、その人しだいで構わないし、それがその人らしさにもつながると思います。

けれど、メイクの基本的な目的は、「自分を美しく見せる」ということ。それをきちんと実現できるテクニックを知っていてこそ、どんなメイクも、メイクした顔も、本当の輝きを放ちます。

自分で自分の顔を最高に美しく見せることができれば、コンプレックスが気にならなくなったり、「自分の顔が好き！」「私っていいな」と、自然に思えるようになるでしょう。そして、メイクをすること自体も、もっと楽しくなると思うのです。

せっかく毎日メイクをするなら、「自分らしい」だけではなく、「自分らしくて、圧倒的に美しい」になっていただきたい。その喜びを、ひとりでも多くの皆さんに感じていただくきっかけになれば、嬉しく思います。

目次

2 アイメイク EYE MAKE

3 アイブロウ

4 リップ

5

チーク

ベースメイク

「顔が美しく見える光と影」を再現するベースメイク

ベースメイクの大切さは、すべてのメイクアップアーティストが述べているところですが、僕もまったく同感です。誰にとっても、ベースメイクは最も重要なプロセス。美しいベースをつくることができれば、メイクはおおむね成功といえます。

では、どういうベースメイクを目指せばいいのかというと、僕が提案するのは「薄いのに立体的な小顔になるベースメイク」です。立体感を生み出すのは、顔の中につくる光と影のグラデーション。グラデーションの層を重ねながら、誰が見ても「美しい」と感じるバランスへと近づけていきます。それでいて薄さをキープできる理由は、のびのいいプロダクトを選び、必要なところに必要な量だけを使うから。とても自然な仕上がりなので、どんな人にも似合うし、すべてのシーズン、TPOに使えます。

こういうベースをつくるには、「美しい顔に当たる光、入る影」を再現していくこと。広告やCMなどのモデルを「きれいだな」と感じることがありますが、彼女たちをよく見ると、みんな同じ影と光をメイクで施されています。人の顔はひとりひとり違うとはいえ、目、鼻、口がついているのはみんな一緒。高さを出すべきところ、影があってほしいところは同じです。それをベースメイクで再現していくことで、誰が見ても「美しい」と感じる顔になるのです。難しく感じられるかもしれませんが、光と影の場所を覚えるだけ。自分の顔をさわって、どこが出ていて、どこが出ていないのかを知るというのも、ベースメイクの上達には役立つと思います。

具体的に、光と影のグラデーションは4層。ファンデーション、コンシーラー、シェーディングに加えて、地肌の色も活用します。これは、トーンの均一な地肌にハイライトを施すだけで完成する、黒人モデルのベースメイクを通して気づいた手法です。

上手に仕上げるためのポイントは、うるおいを保ちながら進めること。フェイスパウダーなどでしっかり押さえすぎると、ツヤがなくなって自然な質感が損なわれてしまいます。また、乾燥しているとプロダクトが引っかかって厚塗りの原因にもなってしまうので、スキンケアは入念に。うるおいあってこそ、薄い膜が密着しているような理想のベースが叶います。

下地

下地は、無色でのびのよいものを

「みんなで写真を撮ったら、自分の顔だけ真っ白」「肌色に合ったファンデーションを選んだはずなのに、なぜか首との差が目立つ」……こんな風に、思ったより顔が白くなってしまうことはよくありますが、原因は下地選びの間違いかもしれません。最初に塗っている下地が白っぽいと、ファンデーションの色も一緒に明るくなってしまうのです。ブルーなど寒色系の下地は、特に白っぽくなりやすいといえます。

自然なベースづくりのために、僕がおすすめするのは無色の下地。肌にのばしたときに色がつかない、透明かピンクベージュ系のものならベースの邪魔になりません。それから、なるべく薄く仕上げるためには、のびのよさも欠かせないポイント。もし、今使っている下地が固くてのびが悪い場合は、手持ちの乳液を少し混ぜてみてください。

塗るときのポイントは、きちんと顔全体に塗ること。手のひらにのばしてから、顔にスタンプを押すように塗ると簡単でスピーディです。

日焼け止めを併用したいときは、下地と1：1くらいの割合で混ぜてから同じようにつければ、重ね塗りする手間が省けます。あるいは、色がつかないスプレータイプの日焼け止めを最後に使うのもおすすめです。

下地を塗る

手のひらを使って塗る

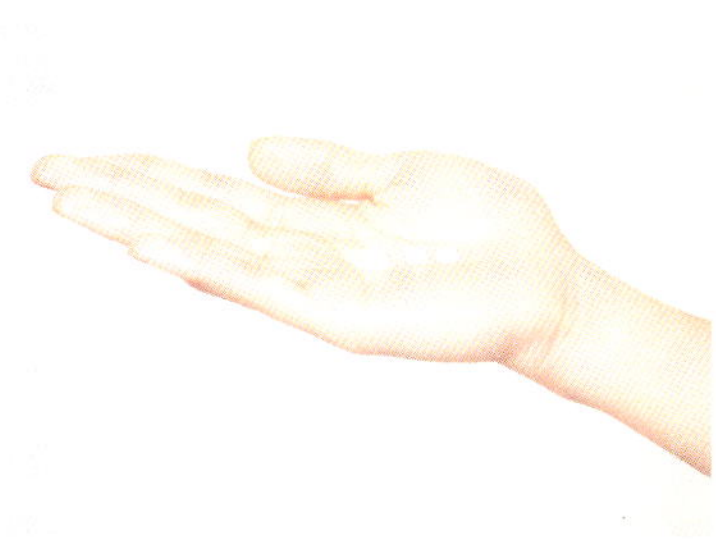

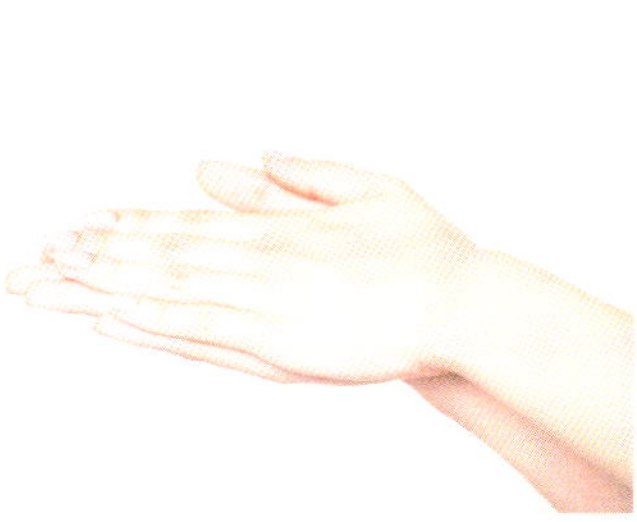

左から、乳液、日焼け止め、下地（乳液を混ぜなくとものびのよい下地や、UVケアタイプの下地を使う場合は、下地の使用量のみ参考にしてください）。乳液の量は下地の固さに応じて調整を

顔の上でのばすのではなく、手のひら全体に下地をのばしてから、塗る

ファンデーションは、ダイヤモンドラインを意識して塗る

ファンデーション

ファンデーションも下地と同じく、白っぽくなるものには注意が必要です。僕も以前、そういうものを間違えて塗ってしまったことがあるのですが、そのときのモデルの顔はのっぺりとして、実際より大きく見えました。

僕のベースメイクは、顔に明暗のグラデーションをつくって立体的に見せるものですが、そこでのファンデーションの役割は、あくまで肌の質感を整えること。顔を明るく見せるのは、そのあとに使うコンシーラーの役割です。ところが、ファンデーションが明るすぎると、次に塗るコンシーラーが際立たず、顔に立体感がつかなくなってしまうわけです。ファンデーションというと、明るめのほうがきれいに見えると思われやすいのですが、「肌と同じか、若干暗く見えるものがベスト」と覚えてください。

塗るときは、ダイヤモンドラインを意識しましょう。まず、ラインの中を塗ってから、外側に向かってぼかすように広げます。ダイヤモンドラインの外側はあまり目がいかないので、中さえちゃんと塗れていれば、顔全部を丹念に塗らなくとも、肌はきれいに見えるのです。

ポイントは、必要以上の量を使わないこと。顔全部に行きわたるほどの量は多すぎます。適正量は、ダイヤモンドラインの中だけ塗るのに足りる程度。改めて、自分に必要な量はどのくらいか確かめてみてください。

ファンデーションを最初に塗る位置

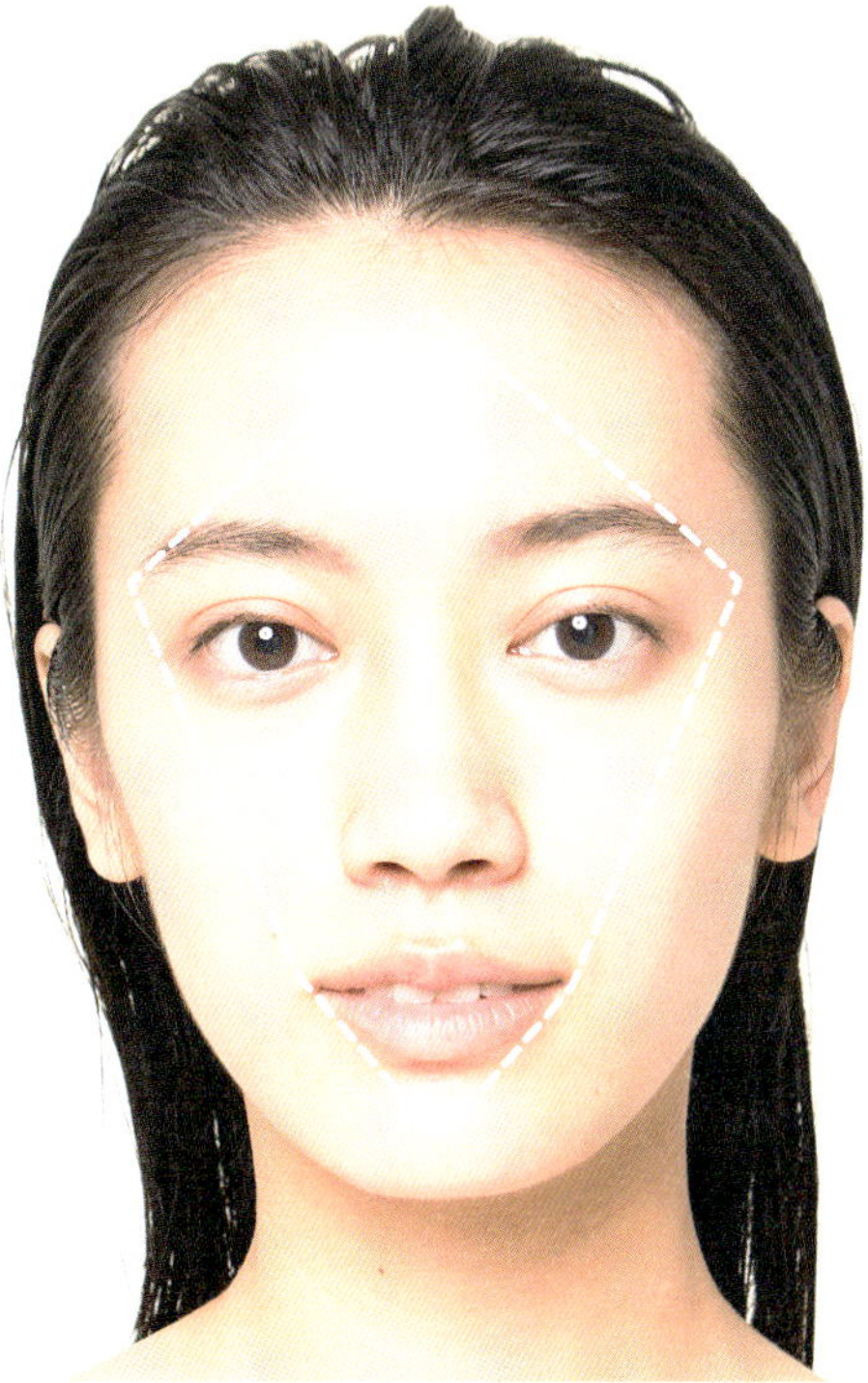

額の中央、こめかみ、口角、あご（最も明るいところ）を結ぶダイヤモンドライン

side

ダイヤモンドラインを中心に塗り、外側に向かってぼかしていく

手のひらに
のばしてから塗ると、
薄く密着する

ファンデーションの塗り方といえば、まず頬や額に指でポンポンと液を置き、それから顔の上でのばしていく方法が一般的だと思います。でも、これは意外とムラになりやすい塗り方。ファンデーションは最初に置いたところに多くつくので、そこから均一に薄くのばすのは難しいからです。かわりに僕が普段行なっているのは、手のひらを使う方法。

まず、適量のファンデーションを手のひら全体によくのばします。体温と同じくらいに温まってきたら、手のひら全体をピタッと顔に当て、ギュッとプレスするようになじませます。こうすると、指でのばすより一度に広く均一に塗れるのです。

この塗り方のもうひとつのメリットは、肌への密着度が高まること。ファンデーションは、肌の上で体温と同じに温まったときに、よりなじみます。だから、顔の上でのばすより、あらかじめ手のひらで温めてから塗ったほうがいいのです。ファンデーションがきちんと肌に密着していれば、時間が経ったときに崩れたりよれたりする問題も防げます。

ファンデーションをひと通り塗り終わったら、もう一度手のひらで顔全体をプレス。仕上げに温かいアイロンを当てて、ファンデーションをよく密着させるイメージです。最後のこのひと手間は、僕も必ず行ないます。

ファンデーションの塗り方

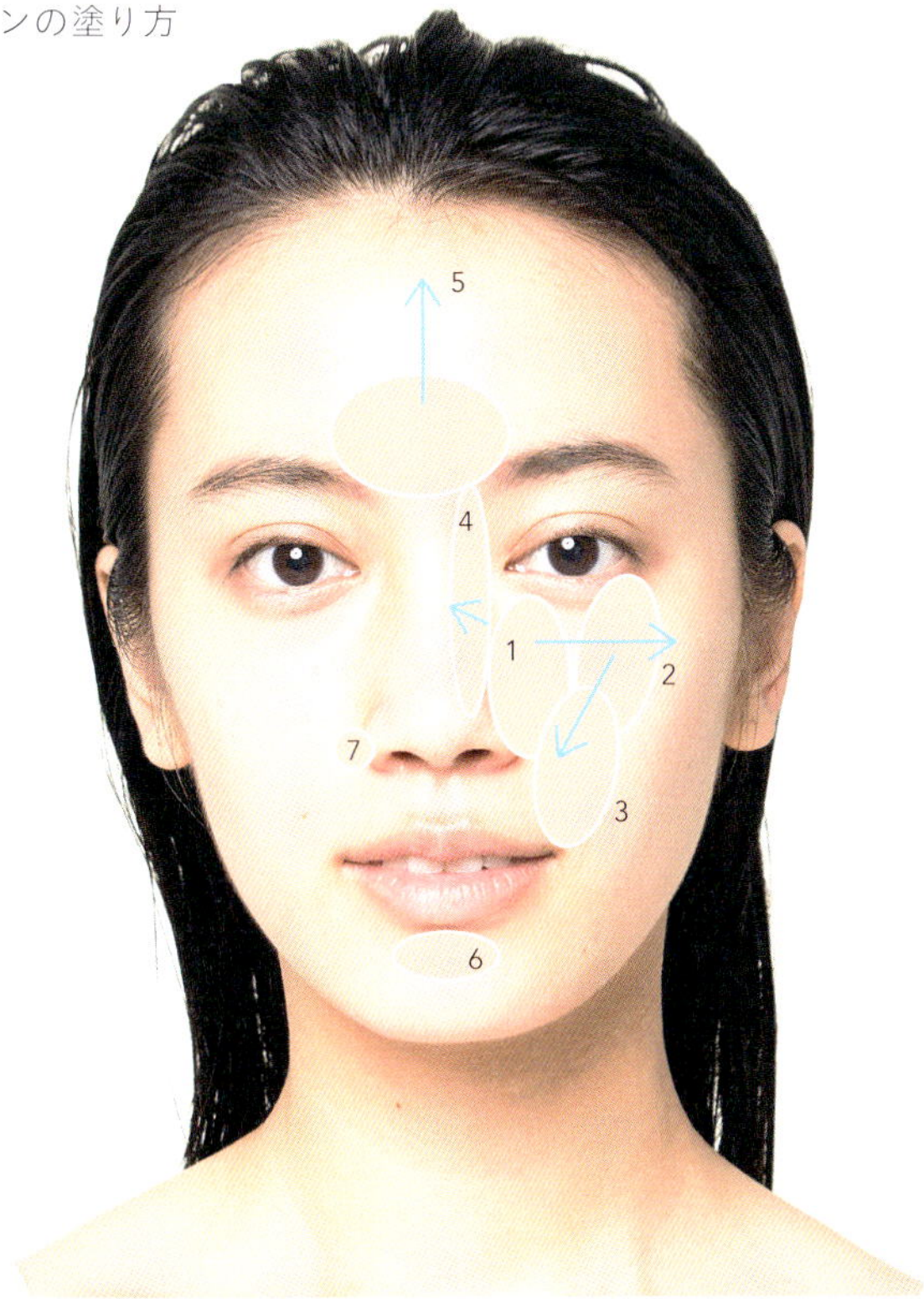

手のひら全体にファンデーションをのばしたら、顔の中心から外側へスタンプを押すように塗る

ダイヤモンドラインの中で塗らなくてもいいところ

よれやすい目尻、まぶたには
塗らない

きれいに仕上げたいところから塗る

ファンデーションを塗る順番は、「両頬の中央、外側、下、鼻、最後に額」です（23ページ）。両頬の中央から始める理由は、肌の印象を決める大切な部分だから。額は、ファンデーションが厚くつくと顔全体が厚塗りに見えてしまうので、最後に余りをなじませれば十分。自然できれいなベースをつくるには、この順番がとても大切です。

まず、ファンデーションを手のひらにのばして温め、両頬の中央にピタッと当てます。そのままスタンプを押すように、ギュッギュッと2～3回プレスして、肌になじませてください。次に、手のひらをスライドさせて頬の外側、下、鼻へと、同じように塗っていきましょう。

ここまで進むと、手のひらのファンデーションは少なくなっているはず。でも、ファンデーションを足す必要はありません。残った余りだけを、額になじませましょう。片手のひらを横にして額に押し当て、スッと上へ引き抜くように塗ります。肌がきれいなら塗らなくとも構わないくらいなので、うっすらとで十分です。

最後に、鼻周りやあご先などの細部を指でならしますが、避けたいのは目尻。「日中、目尻のシワが目立って気になる」という人は、このときファンデーションが目尻についていないかチェックしましょう。

ファンデーションの塗り方

両頬の中央→外側→下→鼻の順に、2〜3回ずつスタンプを押すようにプレスする

片手のひらを額に当て、上に向かって手を引き抜くイメージ

小鼻やあご先など、細かい部分を指先で整える

最後にもう一度手のひらを使って、顔全体をプレス

アジア人の肌に合うファンデーションの選び方

ファンデーションの色選びは、肌と同じか、若干暗めがベストというのはすでにお話ししたとおりです。肌より明るいトーンでは、顔だけが不自然に白く、大きく見えてしまう原因になりがち。今まで明るめを愛用してきた人は、トーンを落とすのに抵抗があるかもしれませんが、ハイライト部分を引き立てて立体感を出すには、このほうが効果的です。また、明るいファンデーションは、シミや赤みなど色が違う部分のコントラストも強めてしまいますが、肌に近いトーンなら、色の差を自然に埋めてくれます。だから、「ファンデーションは迷ったら暗いほう」でいいのです。

僕の場合はさらに、白人モデルとアジア人モデルによって、ファンデーションのメーカーも使い分けています。ファンデーションは世界中さまざまなメーカーで生産されていますが、つけたばかりのときは肌と同じ色でも、時間が経つとトーンが上がって白く明るくなってしまうものがあります。白人の肌ならそれでも気になりませんが、アジア人の肌には白浮きしてしまうので、メーカーも含めてトーン選びを考えているわけです。

僕の経験からすると、時間が経ってもトーンが上がりにくいのはアジア圏のもの。朝から長時間つけたままでいる日常のメイクには、国産かアジア圏のファンデーションが適していると思います。

コンシーラーは、ハイライターとしても使う

コンシーラー

　コンシーラーは従来、シミや吹き出物など肌の粗《あら》をカバーするために使われるもの。でも、僕の場合はそれ以外に、顔の明るさをコントロールしたり、リフトアップするためにも使います。使うところは、ダイヤモンドラインの中。目の下の三角ゾーン、ほうれい線や口角、そして高く見せたいところです。これらの部分に、肌より若干明るいコンシーラーをうっすらのせると、顔全体の印象がパッと明るくなり、はっきりします。

　使うコンシーラーは、やはりのびのいいものが理想です。厚塗りと乾燥を防いで、薄く自然に仕上がってくれます。僕が普段使っているのは、ノック式の筆ペンタイプと、モイスチャータイプ。のびがいいので薄くつき、狙ったところからもはみ出しにくいので、使いやすいのです。もし、今使っているコンシーラーが固形のクリームタイプなど固めのものだったら、手持ちの乳液をほんの少し混ぜてゆるめてみてください。また、コンシーラーを買った後で「トーンが明るすぎる」と感じた場合も、手持ちのファンデーションを混ぜると、明るさを調整できます。

　コンシーラーを使いこなしている人は少ないのですが、上手に使えるようになれば、顔の印象を大きく変えられます。塗る位置と厚塗りにさえ気をつければ大失敗にはならないので、ぜひトライしてみてください。

コンシーラーを塗る位置

塗るときは位置を確認しながら、厚塗りにならないように注意

side

口角の上側は、下向きに線が入ってしまうと逆効果。上に向かう光を描くイメージで

目の下のハイライトは、「鼻に沿った三角」が正解

コンシーラーを最初に入れる位置は、目の下の「三角ゾーン」です。三角ゾーンとは、目尻、目頭、小鼻の上の3点を結んだところ。この部分に、指の腹でやさしく叩くようにしながら、コンシーラーをなじませていきましょう。目尻と、涙袋の部分は、よれやすいのであまりつけないほうがベター。なるべく少ない量で済むように、様子を見ながら少しずつ行なってください。

ここでの大切なポイントは、三角を鼻にぴったり沿った形にすること。右下の写真のように、三角が鼻から離れると、鼻筋が太く見えてしまいます。

正しい形で三角ゾーンが明るくなると、顔全体が明るく見えるうえ、斜め上に向かって頬がキュッとリフトアップして見える効果も得られます。ちなみに、僕が大人世代の女性や面長な印象の人のメイクをするときには、三角の縦幅をやや短くしています。こうすると顔の重心が上がり、リフトアップ効果がより高まっておすすめです。

自分の顔に合わせて三角を微調整しながら、ベストな入れ方を見つけてみてください。

目の下のコンシーラーを
入れる位置

鼻に沿ってまっすぐ下におろし、三角が鼻から離れないようにする

塗り方

よれやすく、シワに入りやすい目尻と涙袋の部分は薄く

NG

一般的な目の下のハイライト。
三角が鼻から離れると、鼻が
広がって太く見えてしまう

さらに立体的な顔にするワンポイント

目の下の三角ゾーンを明るくしたら、今度はもう一段明るいコンシーラーを使って、目頭を一番明るくしましょう。なぜ目頭を明るくするかというと、鼻筋の影がコントラストで強調されて、鼻の高さもより際立つから。シェーディングを入れたような、彫りの深い立体顔に見せられるのです。

入れ方は、小指の先に少量取ったコンシーラーを、目頭にそっと押し付けるようにして定着させるだけ。これで、目の下の三角ゾーンは完成です。

もし、目の下のくまが気になるときは、コンシーラーの前に、オレンジのコントロールカラーを薄くのせましょう。コンシーラーだけでくまを隠そうとするとかなり厚塗りになってしまいますが、先にオレンジのコントロールカラーでくまの色をやわらげれば、コンシーラーの量は半分で済みます。小指の先にコントロールカラーを取り、くまに沿ってのばしましょう。注意点は、くまより広げないこと、そして涙袋を避けること。ぷっくりした涙袋の影は、生かしたほうが自然です。後は同じように、上からコンシーラーを三角ゾーンになじませればOK。最後に、スポンジで全体をなじませます。

コントロールカラーの形状はいろいろですが、保湿力の高いものを選べばよくなじみ、乾燥しやすくよれやすい目元を、きれいにカバーしてくれます。

目の下のハイライト
を入れる位置

目頭にさらに明るいポイントをつくると、より立体的に

入れ方

小指の先に、さらに1段明るいコンシーラー
を取り、押し付けるように置く

くまを消す

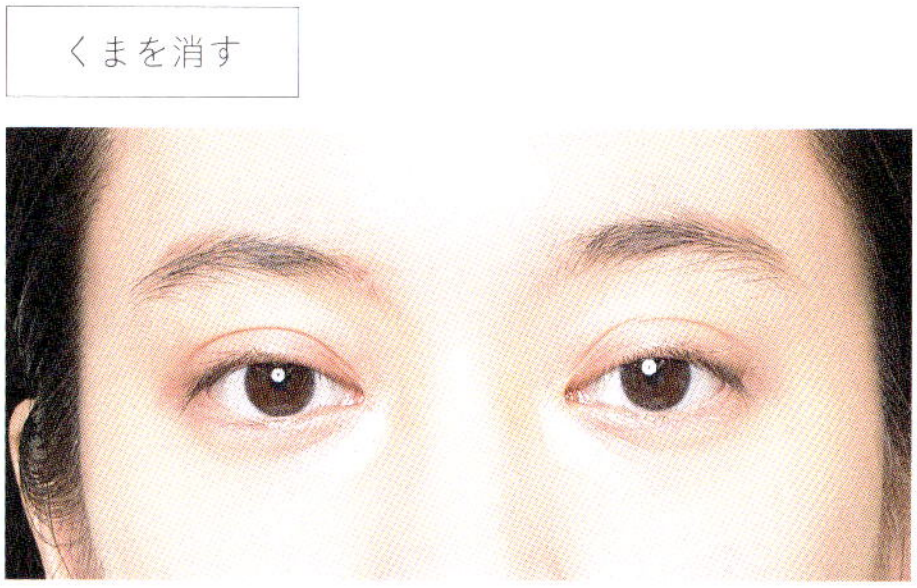

くまに沿ってオレンジのコントロールカラーを、
必要な場所に必要な分だけのばす

上がる光で、顔をリフトアップ

口角をコンシーラーでカバーするときのポイントは、入れる角度です。若いうちはキュッと上がっている口角ですが、年齢を重ねると誰でもしだいに下がってきてしまうもの。これを1ミリでも引き上げて見せるためには、「斜め上」へ向かうように光を与えます。すると、単に口角のくすみが消えるだけでなく、自然にリフトアップして見せられるのです。

まず、口角の上側の線を、唇に沿って引きます。次は、下唇側の線を斜め上に向かって、口角の少し上あたりまで引きます。目の下の三角ゾーンの斜めの線に合わせて、同じ角度の平行線を描くイメージです。最後に、それぞれの線を薬指の腹で押さえながら、上に引き上げるようにぼかしましょう。あまり広げず、1センチ幅くらいに収まるのが理想的です。

注意点は、下向きにぼかさないこと。そして、上唇側のコンシーラーの線が、下唇側の線からはみ出して下に向かわないようにすること。あくまで上向きにぼかすことで、くすみカバーと同時にリフトアップも叶います。

口角が済んだら、小鼻もカバーしましょう。小鼻の赤みの上にほんの少しコンシーラーをのせたら、中指の腹の側面を使って、ギュッギュッとしっかり押し込みます。こうすると、狭い部分にもコンシーラーがきれいに定着します。

口角を上げる
コンシーラーの入れ方

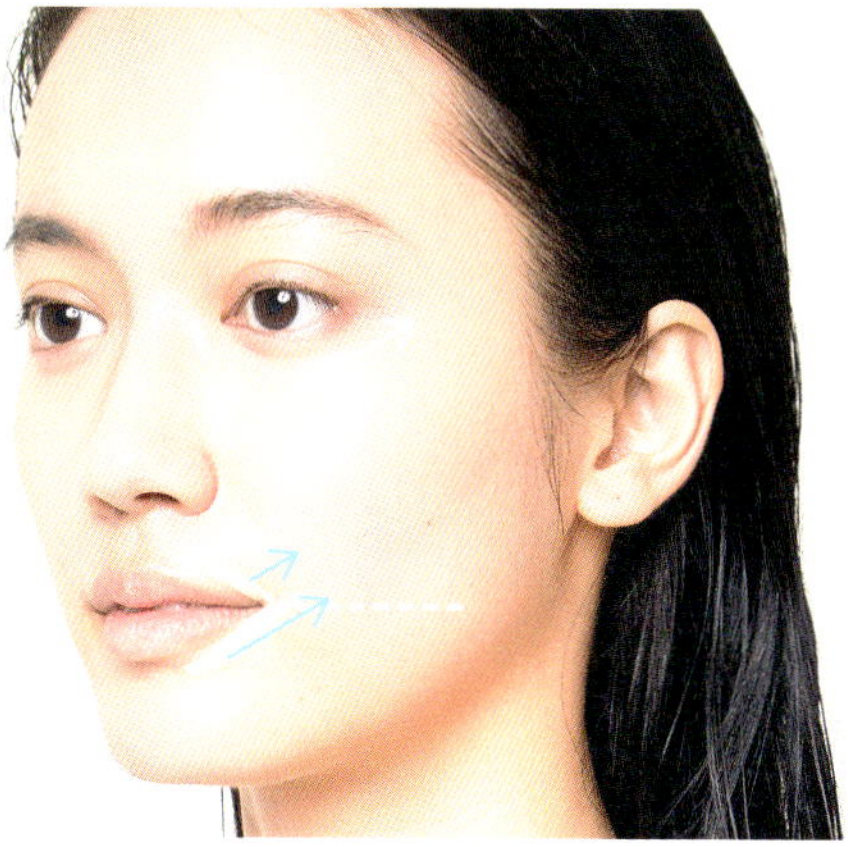

目の下のハイライトと平行に、口角も上に向かってぼかす。
上唇側のコンシーラーの線が口角より下がると、顔が下がって見える

口角は、上に向かって1センチくらいの幅でぼかす

NG

くすみは取れても、口角は
上がって見えない

小鼻の赤みを消す

小鼻の脇の赤みをとる

カバーする位置が、誤解されがちなポイント

コンシーラーでカバーしたいポイントのなかでも、正しい位置を誤解されがちなのが、ほうれい線と吹き出物です。

ほうれい線の場合は、コンシーラーをほうれい線の溝の上に塗る人が多いのですが、これはNG。コンシーラーが溝の中に入り込み、よれてシワになってしまうからです。

本当に塗るべき場所は、溝がつくっている影のほう。影の上にコンシーラーで線を引き、指の腹でやさしく押さえてなじませましょう。厚くつけるとやはりよれてしまうので、なるべく薄くのばしてください。

吹き出物をカバーするときも、吹き出物の頂点ばかりにコンシーラーを塗っても、周囲の赤みまではカバーできません。とはいえ、赤みを消そうとして必要以上に広く塗ってしまうのも逆効果。特に、リキッドタイプのコンシーラーは広がってしまいがちです。

かわりに僕が使っているのは、ペンシルタイプのコンシーラー。ペンシルの芯を寝かせて、赤みに沿ってくるくる回すようにすると、側面の赤みもうまくカバーすることができます。コツは、力を入れないこと。デリケートな部分なので、やさしく少しずつ行ないましょう。

ほうれい線を消す

ほうれい線の影の上に線を引き、やさしく押さえる

吹き出物を消す

吹き出物は、上から塗るだけでなく、側面の赤みも消すことを意識する

顔の中の
高い部分を、
印象づける

顔の中の高くなっている部分には、ハイライトで光を与えると、骨格が立ち上がって顔にメリハリがつきます。入れる位置は、①額の中央、②鼻筋、③あご、④眉の上です。

額の中央は、頭蓋骨の立体的なカーブを感じさせるところ。鼻は、彫りの深さにつながります。あごも、下唇からわずかに下がった位置に入れると、唇の影がより際立って立体的に。そして眉の上は、顔全体の重心を持ち上げてくれるキーポイントです。意外かもしれませんが、特に大人世代の女性への効果は絶大。モデルにも「顔が上がって見える！」と、必ず喜んでもらえます。若い人にも効果があるので、ぜひ試してみてください。

入れるときは、写真を見て位置を確認しながら進めましょう。額の中央は、楕円形に置いてから上方向へなじませます。額の3分の2より上へいかないように気をつけてください。鼻筋は、線が太くならないようにそっと叩きながら下方向へなじませます。最後に、眉の上とあごは、丸を広げないようにその場で叩いてなじませましょう。

ハイライトの注意点は、広げすぎないこと。あくまで隠し技なので、範囲を守ってさりげなく利かせることが大切です。

高く見せる
コンシーラーを入れる位置

高く見せたい部分に光を与えて、立体的に見せる

塗り方

額は上に、鼻筋は下に向かってなじませる。眉の上とあごは、塗ったところを上から指で叩いて

フェイスパウダーは、必要以上にのせない

フェイスパウダー

「ベースメイクの最後には、必ずフェイスパウダーを使うもの」というイメージがあるかもしれません。マットに仕上げるならそれでいいのですが、自然なツヤ肌をつくるときには要注意。むやみにのせると、生っぽいツヤとうるおいを損なう原因になってしまいます。フェイスパウダーは、本当に必要なところだけに軽くのせること。そして、肌の乾燥具合や季節の変化に応じて、加減しながら使うことが大切です。

まず、本当にフェイスパウダーが必要なところは、皮脂が出て浮きやすい額と、小鼻の脇。ほかにも自分で気になるところがあれば、のせておくとよいでしょう。それから、あとでシェーディングやチークのすべりをよくするためには、目の下と顔の外側にもフェイスパウダーで土台を作っておく必要があります。逆に避けたいのは、ほうれい線とその周り。ここにフェイスパウダーをのせると、シワになりやすいので注意してください。

のせるときは、大きくて毛足の長いブラシを使えば、余分な力が入りすぎず軽くふんわりとのせられます。ブラシに含ませるフェイスパウダーの量は、ちょっと少ないと思うくらいで十分です。

フェイスパウダーを
のせる位置

フェイスパウダーをのせるのは、額、小鼻の脇、目の下、フェイスライン

ブラシに含ませるフェイスパウダーの量は、ちょっと少ないと思うくらいで十分

シェーディングは、入っているとわからないくらいが理想

シェーディング

コンシーラーが光なら、シェーディングは影。影を描くことによって、顔の高い部分をより際立たせることが、シェーディングの目的です。

僕のベースメイクでは、コンシーラーまでのプロセスだけでも十分立体的な顔に見せることはできますが、シェーディングでもとの骨格が引き立つと、顔はもっと立体的に見えてきます。その結果、顔が全体的に締まって小さく見えるようにもなるのです。僕はこのシェーディングを、もともと骨格に恵まれているような女優やモデルにも、必ず行なっています。

入れる場所は、フェイスライン、鼻。額を出した髪型をしている人は、額の両脇（眉山の外）にも入れましょう。

入れるときのポイントは、「入っている」とわからないくらいの淡さにとどめること。離れて見ると明らかに立体的だけれど、近づいて見ると何をしているのかわからない、という感じが理想です。濃くつきすぎないようにするには、毛足が長く、毛質がやわらかいブラシを使うのが一番。余分な力が入りにくくなり、ふんわり自然に仕上がります。

シェーディングを
入れる位置

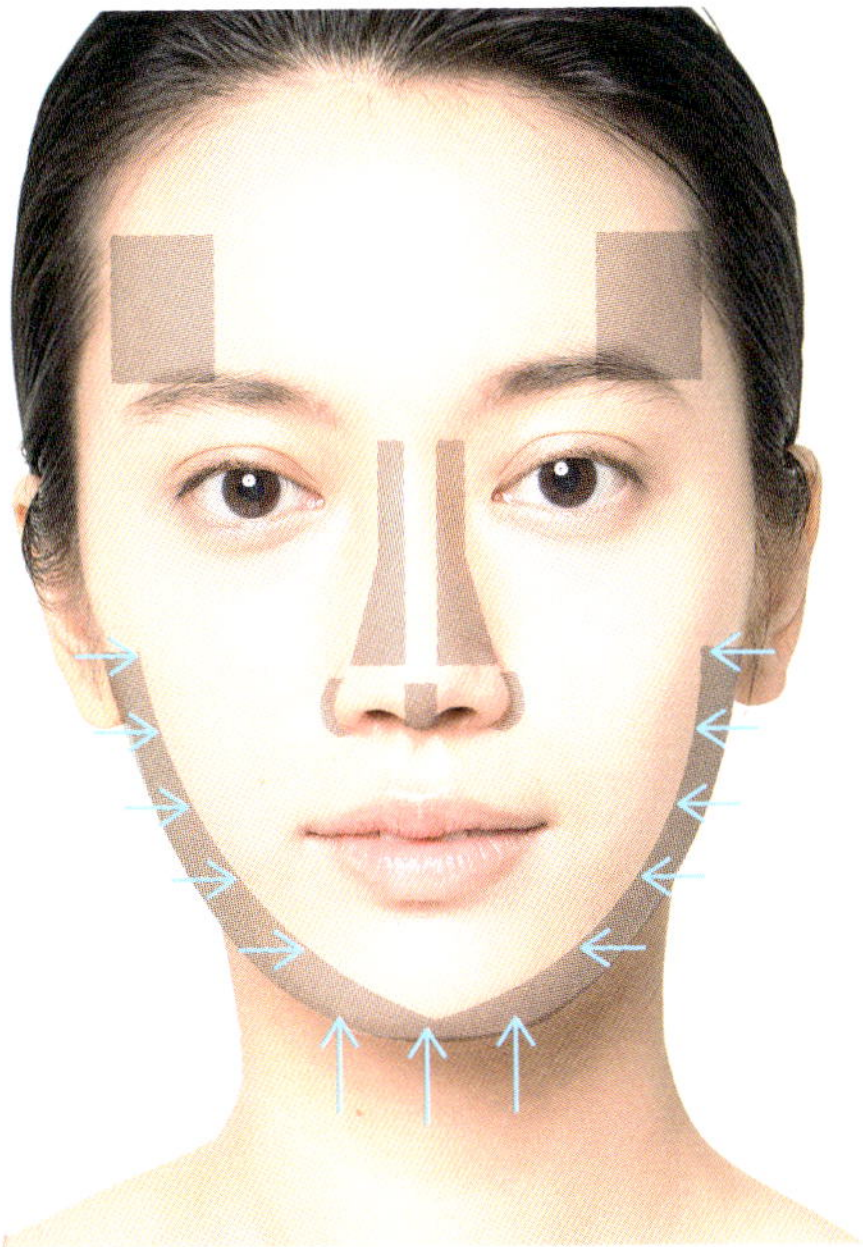

高くしたい部分を強調する、フェイスライン、鼻、額のシェーディング

side

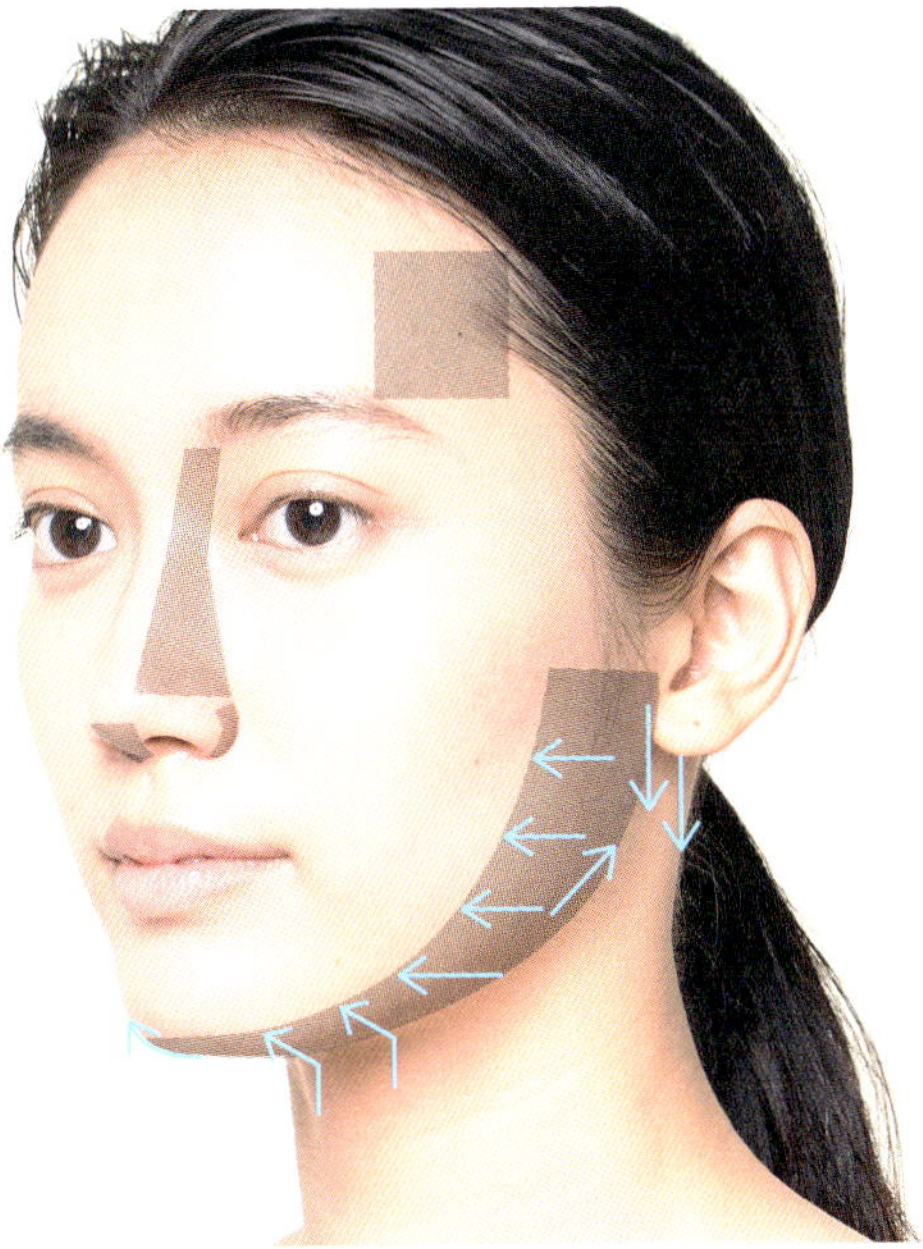

ブラシは最初に置いたところが一番濃くなる。
フェイスラインの裏側の見えないところから中央に向かって入れると自然

細く、小さく、高く見せる鼻のシェーディング

シェーディングは、鼻に影をつけて立体感を出すことから始めます。鼻筋は細く、小鼻は小さく、そして鼻先は高く。一般的なノーズシャドウだけでなく、美しい鼻に自然に入る影を細かくイメージして進めましょう。

最初は、鼻筋です。シェーディングを入れるところは、鼻筋の側面。指でさわって位置を確認してから、目頭から真下へ向かって一直線にブラシを下ろします。力を入れると濃く入ってしまうので、やさしくスッと下ろすのがコツ。ブラシがブレて、線が太くならないように気をつけてください。

小鼻までできたら、ブラシを直角に逃がし、側面に三角の影をつくります。

次に、左右の小鼻をそれぞれひと刷毛。最後に、鼻下のつけ根にブラシを当て、鼻先へ向かってさっとブラシを動かしましょう。ここにも影を入れることで、鼻先を高く見せられます。

注意点は、濃く入りすぎないように気をつけること。特に鼻筋は、あまり濃く入れると違和感が出てしまうので注意してください。ブラシの柄の後ろのほうを持つか、あるいは左手（左利きの人は右手）で持つようにすると、余分な力が抜けて濃く入りすぎるのを防げます。

鼻のシェーディング

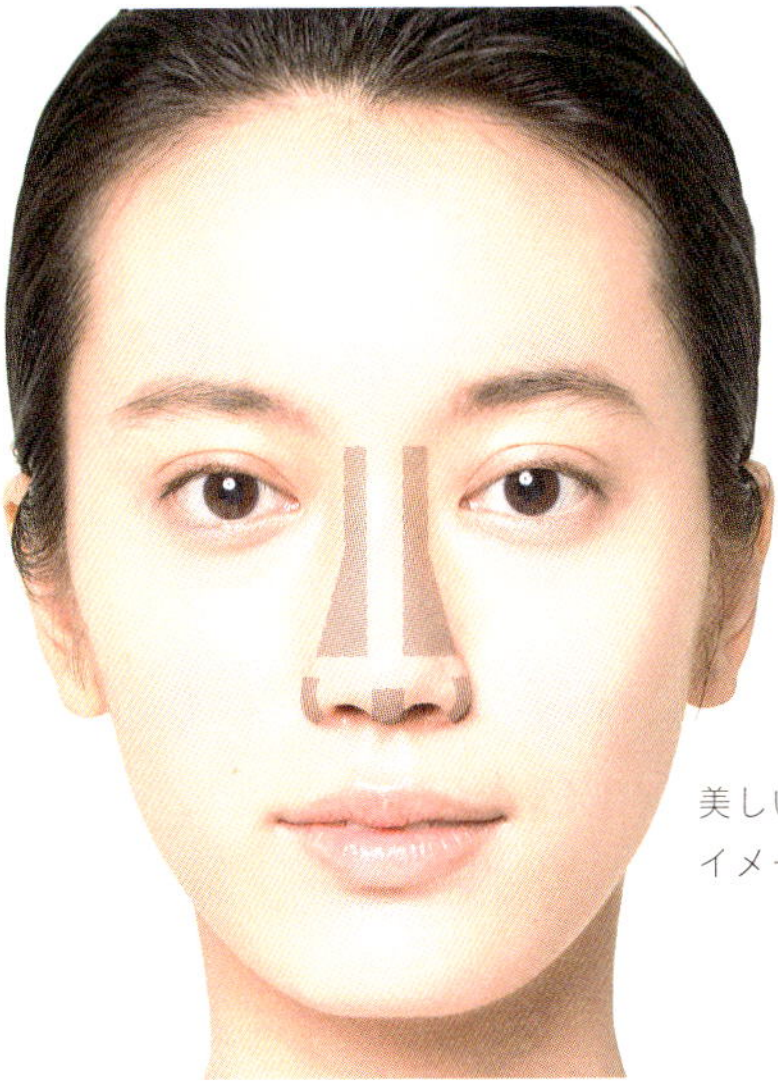

美しい鼻に、自然に入る影をイメージして

鼻のつけ根にブラシを当て、まっすぐ下ろす。鼻の側面の影を描くイメージで

下ろしたブラシを小鼻へ直角に逃がし、三角の影をつくる

左右の小鼻をひと刷毛。小鼻の幅を少し削るようなイメージで影をつけ、小鼻を小さく見せる

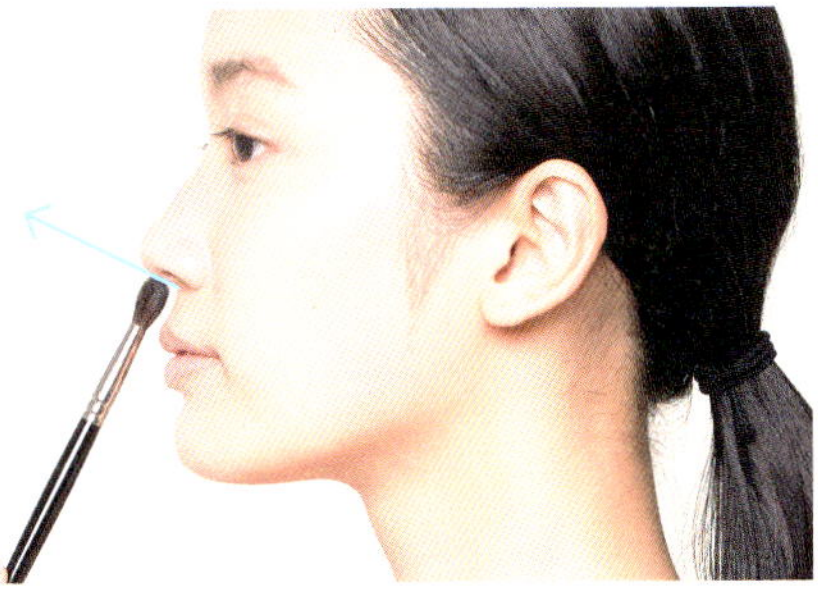

鼻の下にブラシを当て、鼻先へ向かってさっとひと刷毛し、鼻先の高さを出す

顔の横幅を狭くして、小顔に見せる

フェイスラインのシェーディングというと、頬骨の下に斜めに影を入れて小顔に見せる方法が一般的だと思います。ですが、ここで行なうのは、顔の横幅を削る方法です。こうすると、フェイスラインは後ろに引っ込み、顔の正面に光が当たったような立体感が生まれて、高い小顔効果が得られます。

シェーディングを入れる位置は、写真の位置を参考に。ブラシを外側から内側へ向かって、床と平行に動かします。一度に濃くつけようとせず、発色の加減を確かめながら、何度かブラシを動かしましょう。

ポイントは、ブラシの角度。斜めの影を入れるのではなく、横幅を削るのが目的なので、ブラシは真横に動かしてください。斜めに動かすと、顔に下向きの影が入って頬がこけたような老けた印象になってしまうので要注意。使うブラシは、大きくて毛足の長いものだと、うっすらやわらかくパウダーをのせられます。

額を出した髪型の人は、額もシェーディングで削りましょう。削る位置は、額の両側。眉山よりも外側の部分です。額の両側をシェーディングすると、頭蓋骨の丸いカーブが強調されて、自然な立体感が出てきます。ブラシの先を軽く当てて、細かく上下に動かしながら入れましょう。

フェイスラインの
シェーディング

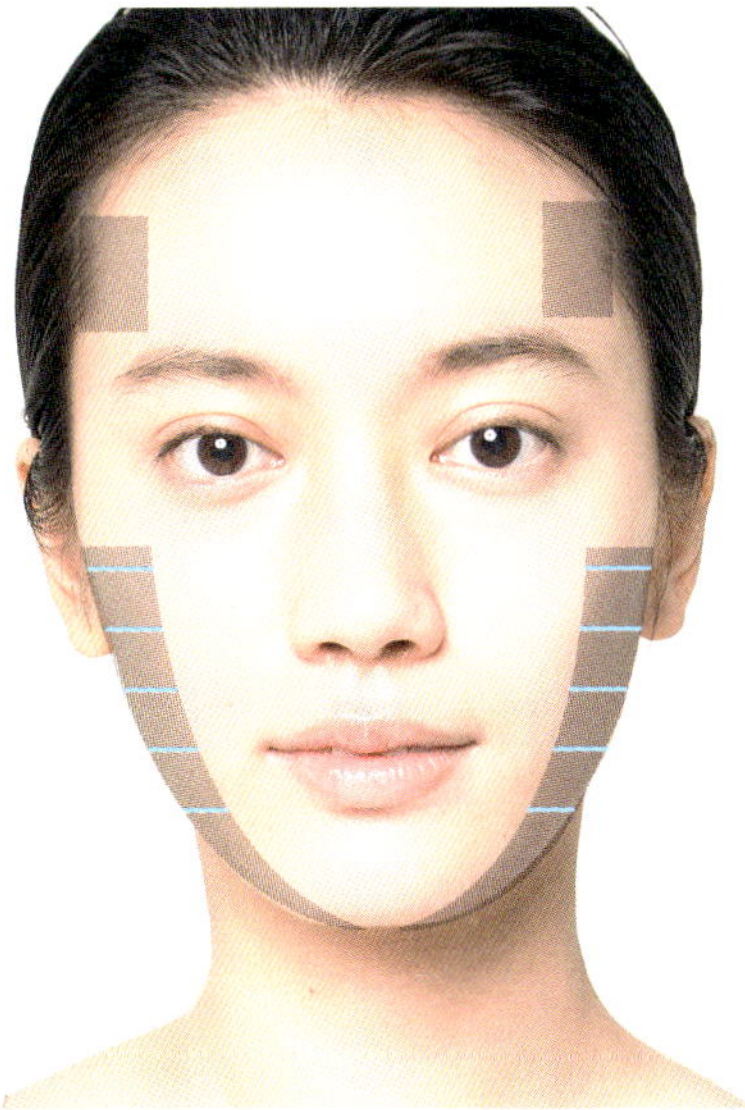

フェイスラインと額に影を入れ、顔の横幅を狭く、顔を小さく見せる

ブラシを真横に動かし、顔の横幅を削るように影を入れる

眉山の外側に、ブラシの先を軽く当てるようにして影を入れる

NG

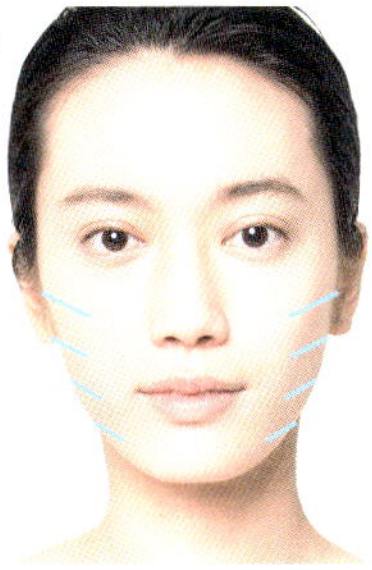

顔の中に斜めの影が入ると、こけたように老けて見える

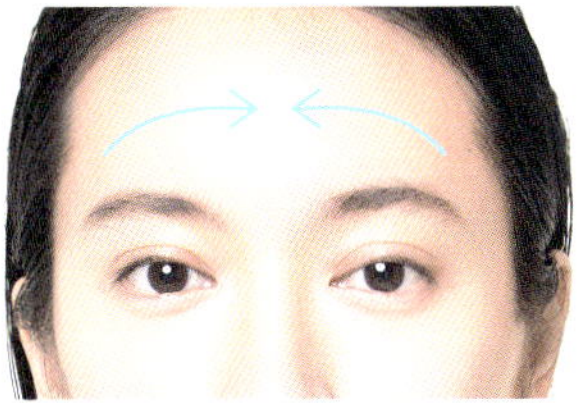

額の両側に影を入れると、額は丸く、立体的に見える

キュッと上がった
きれいな
フェイスラインを
つくる

フェイスラインのシェーディングとは、影がないところに影を描くことではありません。もともとのフェイスラインの影をブラシでなぞって、濃くはっきりさせるというのが、本当に自然なフェイスラインのシェーディングです。影があるところに粉をのせることで、違和感なくきれいになじんだ仕上がりになります。

入れる位置は、耳のすぐ下からあご先にかけて。横から見たとき、この部分に頬のもたつきがない、すっきりしたフェイスラインにしていきましょう。

まず、フェイスラインの骨の裏にブラシを押し当て、顔の内側へサッと払うように動かします。ブラシに含まれた粉は、最初に置いたところに一番濃くつくので、こうすると顔の中によけいな影が入ることがありません。

次に、耳のすぐ下のエラ骨を、ブラシでなぞりましょう。

耳の後ろからブラシをサッと下ろし、フェイスラインの裏からサッとブラシを上げて。骨格のラインをシャープに際立たせるつもりで、何度か繰り返してください。

エラのシェーディング

フェイスラインをシェーディングで際立たせて、引き締める

入れ方

眉尻の外側あたりを目安に入れると、きれいな輪郭になる

エラ骨の角をなぞるようにして際立たせると、フェイスラインがキュッと上がって見える

小さく、シャープなあごに見せるシェーディング

より小顔に見せるには、あご先のシェーディングも効果的。目指したいのは、写真のような小さく短いあごです。あご先にもシェーディングを入れると、エラ骨に入れたシェーディングとの相乗効果で、輪郭がグッとシャープに引き締まります。

ポイントは、ブラシを動かし始める位置。あごを削るのに、ほとんど見えないあごの裏からブラシを動かすのにはちゃんと理由があります。

ブラシに含ませたシェーディングの粉は、最初に置いたところに濃くつくもの。もし、表に見えるフェイスラインからブラシを動かし始めたら、シェーディングの仕上がりはかなり濃い感じになってしまいます。

でも、見えないあごの裏から始めれば、濃くついたところが目立たないし、顔に近い部分は自然に薄くなるので、誰でもテクニックいらずで上手に仕上げられるのです。

あご先のシェーディング

シェーディングであご先の幅と長さを削り、形を整える

入れ方

あごの下（首のつけ根）にブラシを当て、あご先に向かってひと刷毛

左右、真ん中と入れて、つんとシャープなあごにする

ノースリーブを着る日の肌は、肩に合わせる

おしゃれな女性をよく見てみると、顔からボディまでのトーンや質感が、必ず統一されているものです。たとえば、イベントなどで肌を露出したドレスを着ているセレブのスナップを見ると、それがよくわかります。顔からボディにかけての肌のトーンが均一なうえ、自然なツヤ、微細なラメの輝きといった質感まで、きれいに統一されているのです。こうした統一感を意識すると、印象は大きく変わります。

まず、肩の出る服を着るときは、ファンデーションの色を肩に合わせて選ぶこと。普段は顔のトーンに合わせますが、肩に合わせると「顔だけ妙に明るく見える」という失敗がなくなります。これは、僕たちが撮影現場でも行なっている方法です。

顔とボディのトーンを揃えたら、質感にも注目しましょう。たとえば、顔にツヤを出すなら、ボディにもオイルなどツヤが出るものを。逆に、顔をマットにする場合は、ツヤの出ないタイプのクリームをおすすめします。

さらに、メイクとネイルのトーンをさりげなく合わせたり、髪をウェットにしたときは若干マットな肌、きちんとブローした日はツヤ肌に仕上げるなど、ちょっとしたバランスも意識することで、グッと洗練された印象になります。

顔とボディの肌、メイクとネイル、ファッションが統一されていると洗練された印象に

シェーディングブラシの選び方

シェーディングは、パウダーを薄くのせるということが何よりも大切。自然に仕上げるためには、どうしてもブラシが必要です。

シェーディングに適しているブラシは、毛量がたっぷりしていてコロンと丸いもの。毛足が長く、やわらかいものがおすすめです。毛の一番長いところ（中央）と短いところの差がしっかりあるものであれば、なおベター。このタイプのブラシなら、粉をふんわり薄くのせられます。

逆に避けたいのは、ペタッと薄い平筆や、毛先に向かって細くとがっているブラシ。先が細いと、肌に最初に当たったところに多く粉がついてしまい、その後ふんわり自然にぼかすのがとても難しいのです。

シェーディングに使うブラシは、専用のブラシを用意できればもちろんいいのですが、フェイスパウダーに使うブラシと兼用にしてもＯＫ。その場合は、使い終わる度にティッシュにくるくると押しつけて、粉をオフするのを忘れないようにしてください。

ブラシは消耗品ではありますが、僕が持っているなかには10年以上使っているものもたくさんあります。お手入れしなければいけないといっても、毎回ティッシュでくるくると粉を落とすだけでかなりもつので、ブラシには少しこだわってみることをおすすめします。

(左)大きくて丸い理想的なブラシ。これ1本でプロレベルのぼかしが可能　yUKI BRUSH ProSeries 001 Face brush フェイスブラシ ￥14,290／yUKI TAKESHIMA　(右)テクニックいらずでふんわり自然にぼかせる。食物繊維由来のベジブラシ　リンパドレナージュパウダーブラシ ￥8,800／MiMC

BASE MAKE

どんな撮影にもこれだけは必ず持っていく！という、
僕の「エブリデイ・キット」に入っているベースメイクのアイテムたち。
何もしていないかのように薄く、自然になじんでいるのに、
驚くほど立体的な小顔をつくる必需品です

ブラシ
①ツヤを出しながらファンデーションを薄くきれいにのばせる　SAKURA FUDE 205 ファンデーションブラシ ¥5,500／yUKI TAKESHIMA ②厚塗りにならないコンシーラーブラシ　SAKURA FUDE 208 コンシーラーブラシ ¥3,200／yUKI TAKESHIMA　③この筆でクリームファンデーションをのばすと簡単に薄く均一な仕上がりに　ミネラルクリーミーファンデーションブラシ ¥5,000／MiMC
コンシーラー
④吹き出物を隠すのに最適なペンシルタイプのコンシーラー　スタジオ クロマグラフィック ペンシル NC15／NW20 ¥2,200／M・A・C ⑤肌が上がる光づくりに欠かせない　フラッシュ ルミナイザー 002アイボリー ¥4,800 / Dior　⑥⑦⑧用途に合わせて3色から選べる、真ん中にうるおい成分の入ったコンシーラー　BISOU エンハンシングスティック＜コンシーラー＞／全3色　Amber(アンバー),Crystal(クリスタル),Emerald green(エメラルドグリーン)各¥3,400／yUKI TAKESHIMA　⑨いろいろ使ってきたけれど、目の下のくまにはこのオレンジが一番　フィックス イット カラー 200アプリコット ¥4,200／Dior　⑩真ん中にうるおい成分の入ったコンシーラーなら目元の乾燥も防げる　フィックス イット002ミディアム ¥4,200／Dior
下地
⑪僕が使っている「みずみずしくてのびのいい無色の下地」といえばこれ　ディオールスキン フォーエヴァーベース SPF20/PA++ ¥5,400／Dior　⑬うるおうのに密着して崩れにくいスキンケアのような下地　スキンバランシング ベース ¥3,200／naturaglacé
ファンデーション
⑫密着度が高く、薄づき　スキントリートメント ファンデーション ¥4,000／naturaglacé　⑭ツヤのあるみずみずしい肌をつくる　ミネラルリキッドリーファンデーション ¥6,500／MiMC
フェイスパウダー
⑮しっとりが続くシルク100％スキンケアパウダー　モイスチュアシルク ¥5,200／MiMC
シェーディング
⑯ブラウンでもグレーでもない絶妙な色味が肌になじみやすい　パウダー ブラッシュ(プロ パレット) トープ ¥2,500(ケース別売り)／M・A・C プロ(表参道ヒルズ店限定)／私物　⑰テラコッタ寄りの肌になじむシェーディング　サンウォッシュディフュージングブロンザー 5167 ¥4,400／NARS

2
EYE MAKE

アイメイク

目を大きく見せるポイントは、まつげの根元の密集度

「アイメイク」には、アイライン、アイシャドウ、マスカラが含まれますが、これらすべてをやらなければいけないというわけではありません。たとえば、アイシャドウは昔のメイクでは必ずつけるものでしたが、最近のテレビや雑誌を見ると、アイシャドウをつけていない女優やモデルはたくさんいます。アイメイクをすべてやらなくとも印象的な目元をつくれているのは、ポイントをきちんと押さえているから。そのポイントとは、まつげの根元。ここが濃くなっていれば、アイメイクは十分なのです。

アイメイクで本当にすべきことは、「もともと持っているものを際立たせる」こと。まつげ、黒目、白目、そして目のフレーム。それぞれをはっきりさせるだけで、目元はちゃんと生きてきます。はっとするほど印象的なのに、まるで何もしていないかのよう。そんな理想を叶えるカギが、まつげの根元を濃く見せるということなのです。

この章では、まつげの根元を濃く見せるアイメイクについて、具体的な方法をご紹介していきます。この方法なら、誰でも自分の持っている目を生かし、きれいに見せることができるはずです。

アイメイクで大切なことは、もうひとつあります。それは、ほかのパーツとの兼ね合い。たとえば、「しっかりアイメイクをする日は、赤など強い色のリップを控え、中間色で抑えめに」というように、どこをポイントにするか考えることです。マスカラをつけるか、つけないか。アイラインを引くか、引かないか。アイシャドウは、本当に必要か。顔全体のバランスと調和を考えてこそ、本当に効果的で洗練されたアイメイクになります。これも、アイメイクのすべてを必ずしもやる必要はない、という理由のひとつです。

また、アイメイクは細かな作業ばかりですが、ディテールに意識を行き届かせることで、表情に繊細な美しさと清潔感が宿ります。まつげの毛先にマスカラが絡んでいないとか、目頭のまつげまできちんとビューラーでカールされているとか、そんな小さなことで印象は大きく変わるもの。ぜひ、ていねいに作業してみてください。

アイラインは、引くのではなく点を打つ

アイライン

アイラインの目的は、もともと持っている目の印象をきちんと際立たせること。目を自然に際立たせるアイラインとは、「線」ではなく「点」です。リキッドアイライナーの筆先を使って、まつげとまつげのすき間を小さな点で埋めるだけ。こうすると、まつげの根元はくっきり黒くなり、まつげが密集して生えているように見えてきます。すると、もともとの黒目の大きさが引き立って、自然でありながら印象的な目元をつくれるのです。「アイラインがずれてしまう」「線がガタガタになってしまう」という人でも、このやり方なら必ずうまくいきます。慣れれば、片目は10秒で済ませられるようになりますよ。

入れるときのコツは、鏡に向かって少しあごを上げること。こうすると、まつげの生え際がよく見えます。生え際に対して、リキッドアイライナーの筆先を直角に当てるようにして入れていきましょう。

ちなみに、まつげがもともと多くしっかり生えているなら、マスカラを塗るだけで「まつげの根元を濃く見せる」という目的は十分果たせるので、点々のアイラインは省略してもOK。あえてちょっと引き算することで、バランスのいい目元になります。

アイラインの入れ方

まつげの根元のすき間を埋めるように点を打つ。繊細なところなので、
力を入れすぎずにやさしく

before

after

アイラインは、入れる位置で効果が変わる

点々のアイラインは、目頭から目尻まで入れるのが基本。ですが、目的に応じて入れ方をアレンジするのもOKです。

たとえば、「目の縦幅が足りない」と思う場合は、点々のアイラインを黒目の上だけに入れてみましょう。すると、目の縦幅が強調されて、印象が大きく変わります。さらに強調したいときは、黒目の下にも点々を入れましょう。ポイントは、上のアイラインには黒、下のアイラインには濃いめのグレーを使うこと。下側のまつげは上側ほど密集して生えていないので、黒を使うと浮いてしまいがちですが、かわりにグレーを使うとちょうどよくなじんで、自然な印象に仕上がります。

対して、「目に横幅を出したい」という場合は、アイラインを目尻側に3ミリほど延長しましょう。

「目が離れている」という人や、目頭側にポイントをつくりたいという場合は、目頭にアイラインを入れます。入れるのは、目頭の内側の粘膜。鏡に対して、横を向いたときに見える部分です。ここに、リキッドアイライナーの筆先を入れるようにして「く」の字に点を打っていきます。下は、黒目にかからないくらいまでを目安に入れるときれいです。

アイラインを入れる位置

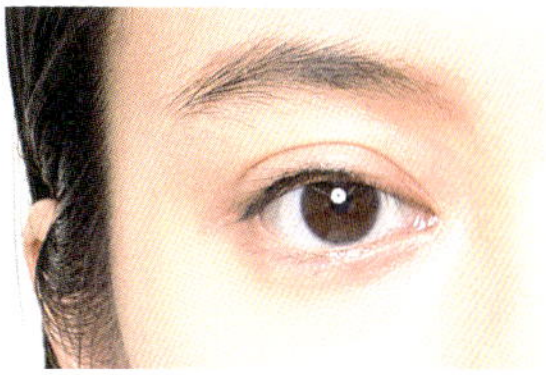

黒目の上

黒目の上に入れると、
目の縦幅が強調される

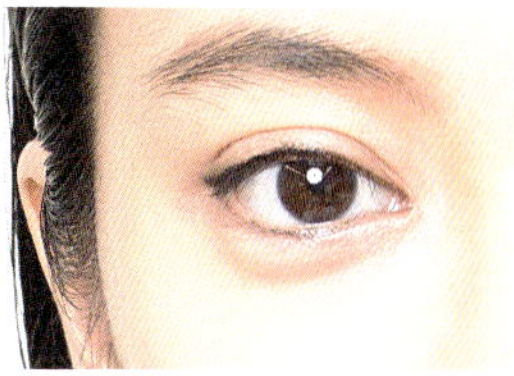

目尻ライン

目尻に3ミリ程度はみ
出すと、自然に横幅を
出せる

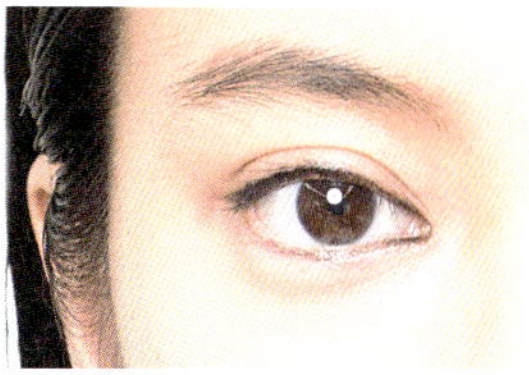

目頭ライン

目が離れている人は、
目頭にもアイラインを

下まつげのアイラインで、顔の間延び感がなくなる

アイラインは目元を際立たせるだけでなく、顔のプロポーションを補整するのにも効果的です。

たとえば、「顔が長く間延びして見える」という、面長の人や大人世代の人に多いお悩み。この場合は、まぶたの上側に目頭から目尻まで点を打ったら、さらにまぶたの下側にも、黒目の幅に合わせて点を打つと解消します。

顔の長さを感じさせるのは、上まつげから口元までの距離。でも、下まつげにポイントができることで、その距離が短く感じられ、間延び感が気にならなくなるのです。下側のラインは、黒のかわりに濃い目のグレーを使うと、より自然に仕上がります。また、まつげエクステをつけている人にも、この下側ラインはおすすめです。上にボリュームを足している分、下にもポイントをつくることによって、エクステが自然に目元になじみます。

最後に、目元をさらにきれいに見せる裏技的なアイラインの入れ方をご紹介しましょう。用意するものは、白に近いベージュのペンシルアイライナー。これで下まぶたの粘膜にラインを引くと、まるでレフ板を当てたように白目が明るくクリアになります。ポイントは、白ではなくベージュを使うこと。顔の中に真っ白な部分ができると、そこが浮いてしまいますが、肌なじみのいいベージュなら、白目の白さが自然に引き立ちます。

下まつげのアイライン

顔の長さの印象は、上まつげから口元までの長さで決まる。
下まつげにポイントができると、頬が短く感じられて間延び感が解消する

before

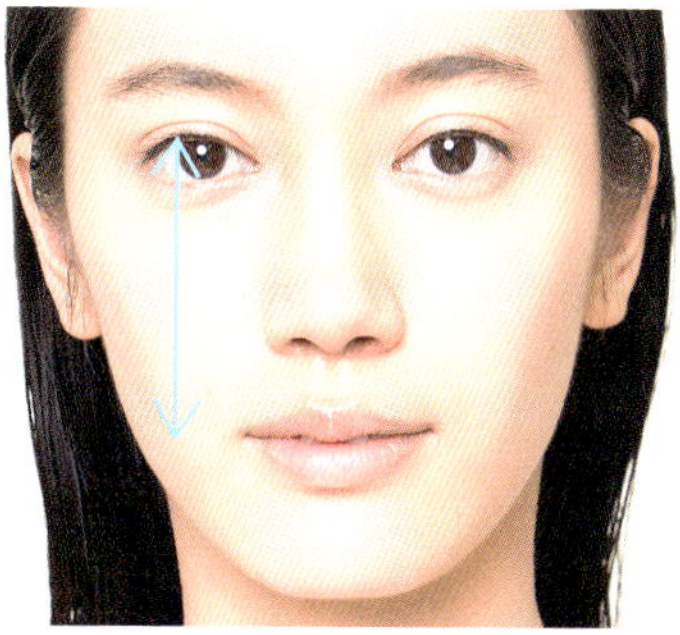

after

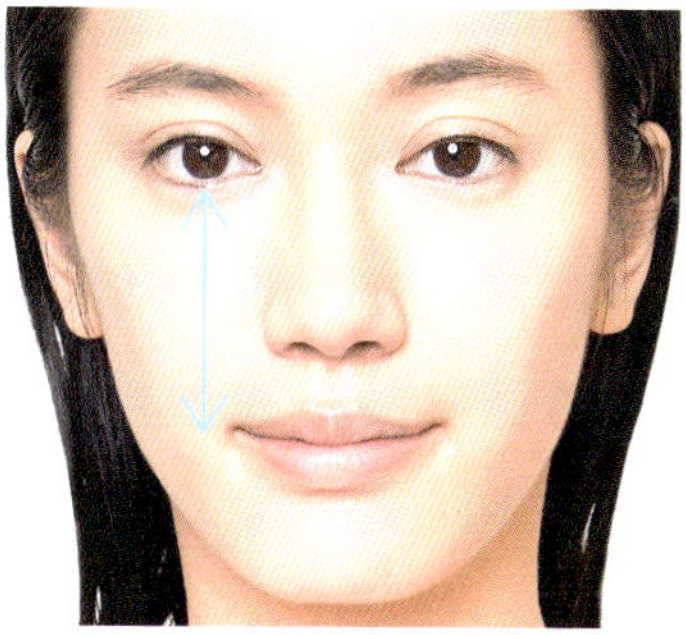

白目がきれいに見えるアイライン

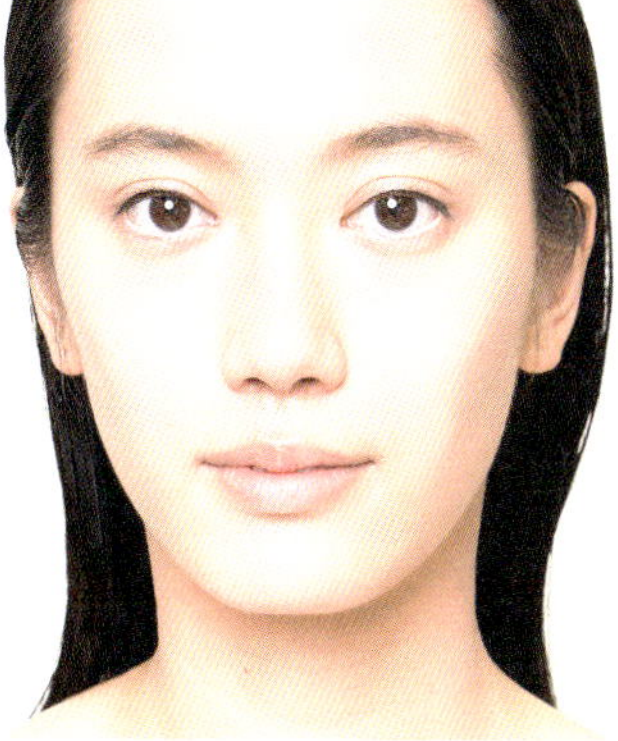

下まぶたの粘膜に、白に近いベージュのアイラインを入れると、白目がクリアに見える

アイシャドウは、まつげの影

アイシャドウ

アイシャドウは、アイホール全体に丸く入れる方法が一般的。ですが、丸ではなく「横長の四角」で入れると、仕上がりは格段に向上します。

ナチュラルメイクにおけるアイシャドウの役割とは、「まつげの影」。まつげの生え際からまぶたに向かって出る影を描き、目元の彫りを演出するものです。影は、生え際から近いところが最も濃くなっていると、目が自然に大きく見えます。ところが、まぶたに丸くアイシャドウを入れると、思ったより丸が大きくなって、濃い影が広がりすぎてしまいがち。すると、目元がくぼんで見えたり、眉からまつげまでの間がフラットに見えたりしてしまうのです。そこで、アジア人の女性が誰でも簡単かつきれいに目元をつくれる方法として考えたのが、横長の四角です。丸く入れたときにはあまり塗れない、目頭と目尻の際にきちんと色が入ることで、アジア人の目元に必要な横幅を出せます。四角といっても、ブラシを動かせば境界線は自然にぼかされるので、不自然に角ばった形にはなりません。

具体的には、目尻側と目頭側の両方から、それぞれブラシを水平に動かします。こうするとまぶたの両脇が自然と濃くなり、目の立体的なカーブが感じられます。二重の幅から眉までの間に目立つ色素沈着がある場合は、あらかじめコンシーラーでカバーしておきましょう。

アイシャドウを
入れる位置

アイシャドウは、横長の
四角で入れる

一般的な
アイシャドウ

一般的な、アイホール全体に入れる方法

目の立体感を出す

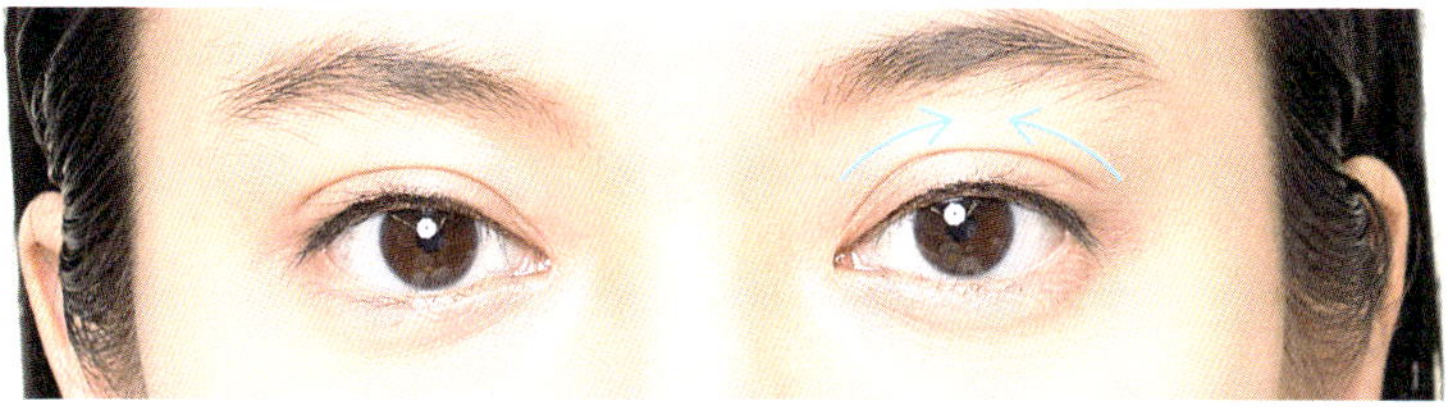

目尻、目頭、それぞれ外側から中央に向かって入れることで、目の丸みと立体感を出す

アイシャドウは、「横長の四角」に入れる

アイシャドウは、きれいにぼかせていることが何よりも大切。まず、ごく少量のフェイスパウダーをまぶた全体に薄く塗りましょう。すべりがよくなってぼかしやすくなり、二重にアイシャドウがたまるのも防げます。

準備ができたら、アイシャドウを入れていきます。アイシャドウを取ったブラシを、目尻に当てて少し左右に動かすようにしてから、目頭側へスッと流します。必要な濃さになるまでこれを繰り返したら、今度は目頭から目尻へ向かって、同じようにブラシを動かします。最後に、同じ色か締め色をブラシに取り、目尻のやや外側に濃いポイントをつくりましょう。「顔の外側を暗くする」というのが、立体的な小顔に見せる法則です。

一重の人の場合は、目を開けた状態で、まつげの生え際より3ミリ上に塗る位置の印をつけてから始めましょう。「アイシャドウを塗り終わって目を開けたら、塗った部分が隠れてしまった」という失敗を防げます。

「時間が経つとアイシャドウがなくなる」「思い通りの色がのらない」という人には、アイシャドウベースがおすすめ。発色や定着力を高めてくれるので、驚くほど簡単に仕上げられるようになります。最初にベースを塗ったら、あとはフェイスパウダーから同じように進めましょう。

アイシャドウの入れ方

色素沈着がある場合はコンシーラーで消し、フェイスパウダーをのせる

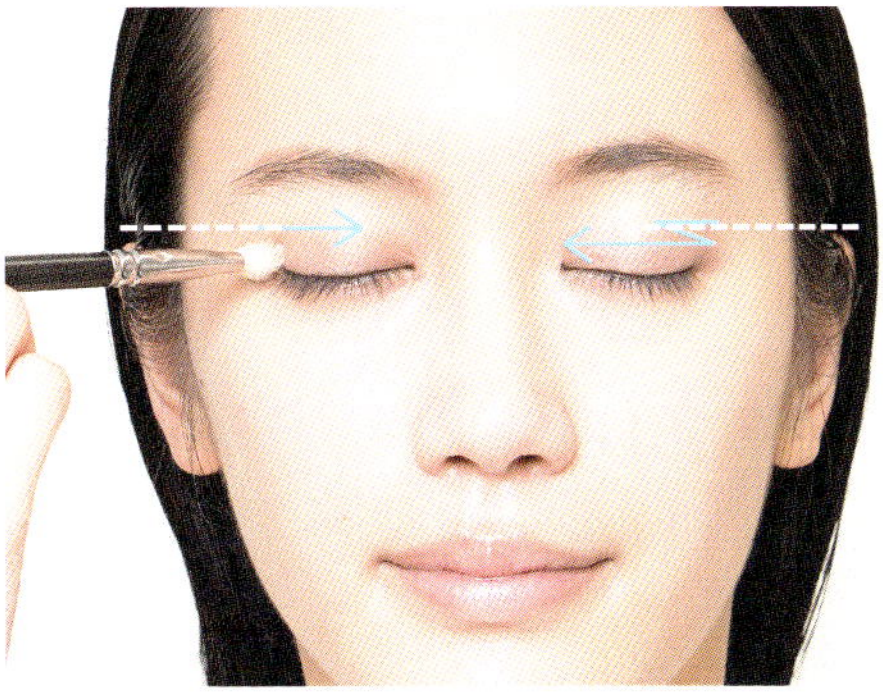

目尻（二重が下がる位置）で左右にブラシを動かし、目頭側へ流す

同様に、目頭（二重が下がる位置）で左右にブラシを動かし、目尻側へ流す

目尻に締め色を入れる

完成

目が離れている、寄っている場合のアイシャドウの入れ方

メイクレッスンのとき、「目が離れているのが気になる」、あるいは「寄っているのが気になる」というご相談を受けることがありますが、そういう場合にはアイシャドウで調整する方法をご紹介しています。

まず、離れている場合は目頭側のアイシャドウを濃くします。アイシャドウを横長の四角に入れていく手順を、目頭側からだけ行なってください。目頭側からだけアイシャドウを入れることで目頭側に濃い影のポイントができ、「目が離れている」という印象がやわらぎます。さらに、目頭の内側に「く」の字のラインも入れるとより効果的（64ページ）。眉頭も、やや中央に寄せるように描きましょう。

寄っている場合は、逆に目尻側にポイントを持ってくる必要があります。目尻から1センチくらい外に出たところを起点にして、アイシャドウを入れましょう。こうすると、目元の重心を外向きに調整することができます。顔の中心側にポイントができないように、目頭側から入れるアイシャドウは省略してください。

目が離れている場合

入れ方

アイシャドウを目頭側から入れ、目頭にアイライン
を。さらに眉頭をやや中央に寄せる

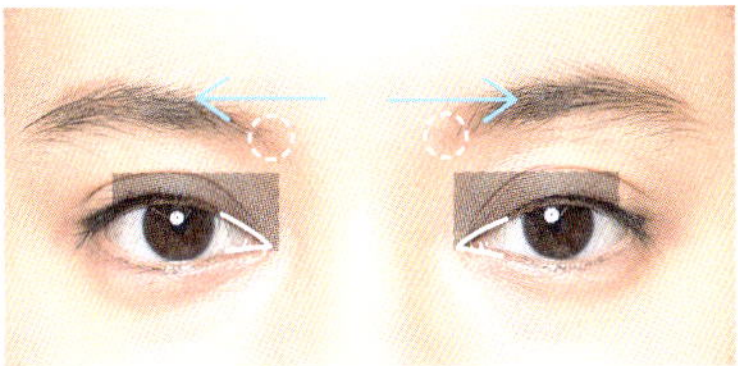

目が寄っている場合

入れ方

外側にポイントができるよう、目尻から１センチ外側から入れ、目頭側からは入れない

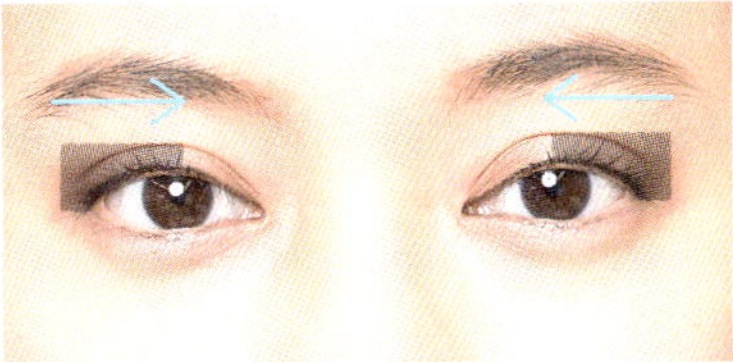

基本のアイシャドウは、「グレイッシュブラウン」

僕は普段、ファッション撮影やショーの現場などで、さまざまな色・デザインのアイメイクをしています。そうした幅広いアイメイクを経験してきたうえで、これが最もベーシックだと思うアイシャドウの色は、グレイッシュブラウンです。

アジア人の肌のトーンになじみやすく、ファッションのテイストも選ばず、一年中いつでも使えるほどベーシックな色。僕も、デザイン性よりもシンプルで美しいアイメイクを求められるときには、ほぼこの色を使っています。さりげない色味でありながら、まぶたにのせればアジア人のダークブラウンの瞳を引き立たせ、かつ自然に大きくも見せてくれるので、自然な自分の美しさを際立たせるにはぴったり。まさにすべての人におすすめできる色です。

何も考えずに使えるアイシャドウを一つ持っていれば、忙しくてメイクに迷っていられない朝にも役立つと思います。

「ベーシック」という観点からは、マットでラメの入っていないグレイッシュブラウンがおすすめですが、今はさまざまな質感のアイシャドウが豊富に揃っています。シアーなもの、パールの入ったもの、クリームタイプのものなど、好みの質感でアイメイクを楽しんでください。

アジア人に似合う装飾としてのアイシャドウ

アイシャドウの基本色はグレイッシュブラウンですが、これがもの足りなく感じるときは、もう少し装飾性のある色を使ってみるとよいでしょう。僕のおすすめは、オレンジやイエロートーンのアイシャドウです。

ほどよいメイク感と華やぎがありながら、アジア人の瞳と肌を自然に美しく見せてくれるのは、こうした温かみのある色味だと僕は思います。

装飾性のあるアイシャドウといえば、キラキラしたラメ入りのアイシャドウも人気のあるアイテム。これも、TPOに合った使い方なら効果は絶大です。ポイントは、ファッションとの調和。目元だけキラキラして浮いてしまわないためには、服とのテンションが合っていることが大切です。

4色パレットの中にはたいていキラキラしたものや、白などのハイトーンが1色入っていますが、「これはどう使えばいいですか?」という質問に対して、僕がお答えしている方法をご紹介しましょう。

ひとつは、まぶたの中央だけにチョンとのせる使い方。こうするとまぶたに立体感が生まれ、さりげない華やかさも加わります。もうひとつは、基本の横長の四角に塗る方法です。丸く塗ると目立ちすぎてしまいますが、この方法なら広くならないので、品よくつけこなすことができます。

白目を守れば、目はもっと大きくなる

ビューラー

ビューラーでまつげを持ち上げることも、アイメイクのひとつ。根元からしっかり持ち上げるというのは、当たり前のようでとても大切なことです。

なぜかというと、「まつげが白目にかかっていない」ということが目を大きく見せるポイントだから。もともとの白目の面積を、まつげの黒が侵食して減らしてしまうと、それだけ目は小さく見えてしまいます。まつげのカーブがゆるやかすぎて、白目にかかっているのはNG。白目が全部見える状態まで持ち上がっていれば、驚くほどのパッチリ効果を得られます。

まず、目の中央にビューラーを当ててまつげを根元から挟み、手を返しながら3回に分けて持ち上げます。それから、目頭や目尻に上がっていないまつげがあれば、ビューラーの端を使って持ち上げましょう。挟むときはまつげの根元が見えるようにあごを上げ、手を返すときはあごを下げるのがコツ。奥二重の人は、まぶたを指で上げてからビューラーで挟むと、根元から持ち上げやすくなります。

理想の仕上がりは、まつげが目頭から目尻にかけてきれいな扇形に広がっている状態。扇形のまつげにするには、目頭から目尻まで余さずしっかり持ち上げることが大切です。特に目頭側は、下がっていると確実に白目にかかってしまうので、意識して上げるようにしてください。

ビューラーの使い方

1手目でなるべくまつげの根元ぎりぎりを挟むのが、まつげが白目にかからないコツ。
奥二重の場合は、まぶたを持ち上げて

3回に分けて、手を返しながら上げる。最後はビューラーがまぶたに軽くめり込んでもOK。
目頭や目尻のまつげが上がっていなければ、最後に上げる

マスカラ

マスカラは、まつげの根元を濃くするためのもの

マスカラを自然に美しく使いこなすために僕が気をつけていることは、まつげの根元が一番濃くなるように塗るということ。これが、本当に意味のあるマスカラの使い方です。

まつげの根元が濃く黒くなると、目のフレームがくっきりと際立ちます。まつげが短い人、少ない人であっても、根元がちゃんと濃くなっていれば、目の印象は必ず変わるものです。逆に、マスカラをまつげ全体に塗り重ねると、マスカラの重みでカールが落ちて、白目の面積が減ってしまいます。そのうえ、マスカラが固まってまつげの先のほうが濃くなったりという問題もあるので要注意。

マスカラを塗るときは、あごを上げてまつげの根元がよく見えるようにします。さらに、小指でまぶたを押さえてまつげの生え際を返した状態で、ブラシを左右に小刻みに動かしながらマスカラ液を塗っていってください。毛先まで塗るのは1回にとどめ、根元だけ濃くなるまで重ね塗りします。

マスカラでまつげの根元をちゃんと濃くすることができれば、それだけで目元は十分。アイラインもアイシャドウもいらないくらい、くっきり効果を得られます。

マスカラの塗り方

毛先まで塗るのは1回、根元は濃くなるまで重ね塗りをする

マスカラのブラシを根元に当て、左右に小刻みに動かしてしっかり根元を黒くする

完成

マスカラは温めてから使うと、濡れたようなツヤのあるまつげになる

マスカラをもっと上手に、もっときれいに使えるようになるための、ちょっとしたテクニックについてご紹介しましょう。

1つ目は、塗る前の準備。僕は現場でメイクを始める前に、マスカラをズボンのポケットに入れています。特に冬場は、必ず行なっていること。こうすると、使う頃には体温でマスカラ液が温まってつけやすくなり、まつげにも濡れたようなツヤが出るのです。ぜひ、マスカラを使う前には少し温めてみてください。液が固くなって、つきが悪く感じてきたときにもおすすめです。

2つ目は、にじみ予防のひと手間。「マスカラをつけてしばらくすると、にじんで下まぶたなどについてしまう」というお悩みを抱えている人は、少なくないようです。これにはいろいろな原因が考えられますが、ひとつは目周りの油分ではないかと思います。まつげに保湿クリームがついていたり、まぶたの際までファンデーションがついていたりすると、その油分でマスカラはにじんでしまうのです。これを防ぐには、先に油分や皮脂をティッシュや綿棒などで拭いておくこと。それでもにじんでしまうという人は、涙袋の上と目尻に、フェイスパウダーを少量つけてからマスカラを塗りましょう。

まつげの油分を取る

まつげに油分がついていると、マスカラがにじみやすくなってしまう。
マスカラを塗る前にティッシュや綿棒で拭き取ると、落ちにくくなる

目の下に
パウダーをのせる

それでも黒くなってしまうという人は、涙袋と目尻にフェイスパウダーを

眉、目、鼻、唇まで使える万能ブラシ

ノーズシャドウやアイシャドウは、境界線がきれいにぼかせていることが何よりも大切です。上手にぼかして自然に仕上げるためには、ケースについている小さなチップやブラシでは役不足。余分な力が入り、手間も増えてしまいます。世界的なメイクアップアーティストであるボビイ・ブラウンも、「ケースに入った小さなブラシは捨てなさい」と本に書いているほど。

まずは、手持ちの道具を一度見直してみることをおすすめします。

まずは、アイシャドウブラシを買ってみると、アイシャドウはもちろん、ノーズシャドウを入れるとき、ふんわりした眉を描きたいとき、ルージュをうっすらぼかした唇をつくりたいときにも活用できて、とても便利です。

このほか、ブレンディングブラシを持ってみるのもおすすめ。ブレンディングブラシとは、ぼかし専用のブラシのことです。僕が使っているのは、オーバル型の筆先で、毛足がやわらかくふわっとしているもの。アイシャドウやノーズシャドウを入れた後、上から境界線をくるくるとなぞるようにすると、肌になじんで自然に仕上がります。

ブラシを買うときは、毛がやわらかいか、こしのあるものかは好みで構いませんが、毛先が細くとがっていないものを選んでください。先に丸みがあるほうが、粉を均一に含ませやすく、きれいにぼかせます。

(左)アイシャドウ、リップ、眉、ノーズシャドウに使える万能ブラシ。最初の1本におすすめ　#217S ブレンディング ブラシ ¥3,600／M・A・C　(中・左)小さくて丸い筆先で狙ったところをきれいにぼかせる　ディオール バックステージ アイシャドウ ブレンド ブラシ L ¥4,000／Dior　(中・右)毛先がやわらかく部分用のパウダーブラシとして目元に使用しても　J142 アイシャドウ 丸 ¥1,500／白鳳堂　(右)僕がアイシャドウとノーズシャドウに使っているもの。毛先の丸さが◎／白鳳堂(私物)

3
EYEBROW

アイブロウ

眉は、顔立ちを決めるパーツ

普段ほとんどメイクをしない人が、眉をきちんと描いただけで、驚くほどきれいに若々しく見えることがあります。

眉はそのくらい、顔の印象と顔立ちを決める重要なポイント。そして、メイクに関するご相談を特に多くいただくところでもあります。

「なんとなく自己流で描いているので不安」「トレンドの眉にする方法がわからない」……こうした眉メイクのお悩みを、ここでご紹介する描き方ならほぼ解決できるはずです。

眉は、1本の太い線のように見えますが、実は2つの図形から成り立っているもの。眉頭から眉山までが四角、眉山から眉尻までが三角です。このように、1本の線を描くのではなく、2つの図形をそれぞれ仕上げると考えると、眉は格段に描きやすくなります。

この描き方さえマスターすれば、トレンドに合わせたアレンジも自由自在。太くしたり、逆に細くしたり、角を削って丸いアーチ眉にしたりすることも、自分で簡単にできるようになります。

時代とともに移り変わる眉の形に合わせて、描き方をいろいろ変えるのは大変ですが、これは一度覚えればずっと使える基本の描き方なのです。

また、この描き方ではアイブロウブラシを使いますが、道具選びも眉メイクを左右するポイント。眉メイクがもっとうまくなるブラシの選び方のほか、眉の自然な質感を生かすためのちょっとしたコツ、目元の立体感を高めるテクニック、左右非対称な眉を上手に揃える方法なども、あわせてご紹介していきます。

この章をマスターすれば、きっと眉に自信がつくはずです。

眉は、四角と三角に分けて考える

アイブロウ

僕が最初に教わった眉の描き方は、眉頭、眉山、眉尻までを1本の線として捉えるというものでした。でも、この方法だと「途中で角度や太さが変わる形」を描くことになるので、簡単にはいきません。うまく見当をつけられずに失敗を繰り返すうち、「私は眉が苦手」と思ってしまう人が多いのもよくわかります。そこで見つけたのが、四角と三角のメソッドです。

眉とは1本の線ではなく、2つの図形がつながってできているもの。眉頭から眉山までは四角。そして、眉山から眉尻までは三角。「この2つの図形をそれぞれ仕上げる」と考えれば、眉を描くのはとても楽になるのです。僕自身、眉をこうして捉えるようになってからは、さまざまな年齢や人種のモデルに眉を描くのが、とても簡単になりました。最初は少し練習が必要ですが、慣れれば1分以内できれいな眉が描けるようになります。

大まかな手順は、①三角の上側を描く、②四角を描く、③三角の下側を描く、という3ステップです。

描くときは、鏡をまっすぐに見ること。鏡が手前や後ろに傾いていると、プロの僕でも失敗してしまいます。反対に、あごのほうを上げたり下げたりするのもＮＧ。きちんと姿勢を正して、鏡に対して目線をまっすぐ送るようにしましょう。

眉を描く位置

眉は、四角と三角でできていると考える

up

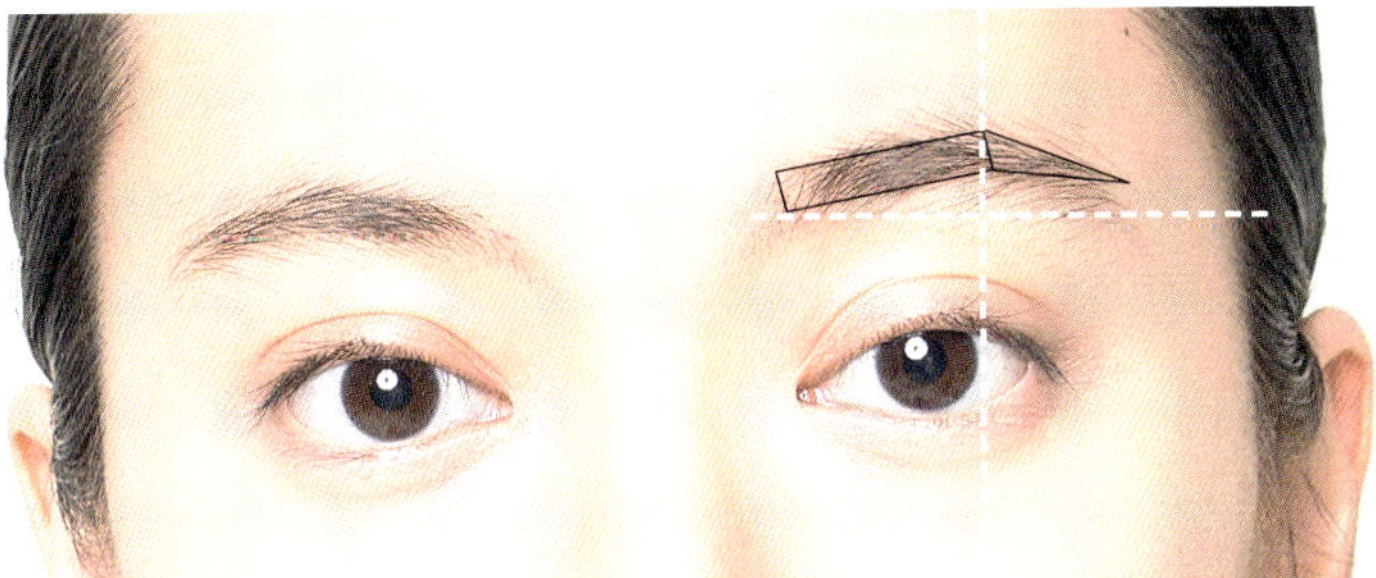

眉頭から眉山の四角は黒目の外側まで。眉尻の三角は、眉頭より下がらないようにする

眉は、眉尻の上側から描くとうまくいく

眉を最初に描き始めるところは、三角の上側。つまり、眉尻の上側の線です。眉山を起点として、そこから30度くらい下がった線を引いていきましょう。この線が、眉を描くときのガイドラインになります。眉山を描き始める位置は、黒目の外側くらいを目安にするといいでしょう。鏡に対して、横を向くと描きやすくなります。

大事なのは、「このあたりに描きたい」と思った位置より1線分くらい、顔の外側に描くこと。なぜかというと、アイブロウブラシの先が顔の内側を向いているために、描くときはどうしても内側に描けてしまいやすいからです。眉山の起点が内側に入ると、眉尻の角度も変わってしまうことに。眉尻が下がって骨格が美しく見えなかったり、逆に眉尻の位置が上がって目との距離が空いたりしてしまいます。でも、意識して1線分外側に描けば、最終的にちょうどいいバランスに仕上がります。

引く線の長さは、あまり延ばすと長い眉尻になって顔が老けて見えてしまうので要注意。眉頭のスタート位置よりも、眉尻の位置が下がっているのは長すぎです。やや短めにすると、今っぽく、若々しく、目も大きく見えます。正面だけでなく、横顔も鏡で確認しながら、長さを調整しましょう。

眉尻の描き方

黒目の外側のあたりを目安に、眉尻の位置を決める

ここに描きたいと思った位置の、1線外側に描く

1線分外側に描いた

完成。正面だけでなく、横からも見てチェックする

眉の下側を濃く描くと、彫りが深く見える

次は、眉頭から眉山までの四角を描きましょう。眉頭の幅に合わせて点を4つ打ち、それを線でつなぎます。さらに、最初に描いた三角の上側の線ともつなげてください。

四角の中を埋めていくときのポイントは、3つあります。まず、アイブロウブラシの動かし方。縦に細かく動かすと、眉の仕上がりがガタガタになってしまいます。眉頭から眉尻に向かって、横に動かすようにしましょう。毛の生えていないところには、ブラシをギュッと押し付けるとしっかりパウダーがつきます。

2つ目は、眉の上側は毛が生えているところよりも、少しだけ内側からブラシを入れること。こうすると、いかにも眉を描き足しているという感じになりません。もともと生えている眉毛を、なるべく生かしながら描いていくことが自然に仕上げるコツです。

最後に、眉の下側は、上よりも濃くなるように描きましょう。これは、眉による美人効果をさらに高めるテクニック。眉の下側に陰影を作ると、目元の彫りが深い顔に見えるのです。細かいようですが、仕上がりには確実に差がつくので、僕も撮影ではいつも行なっています。ぜひ、意識してみてください。

四角の描き方

ボックスを描く
位置を決める、
4点

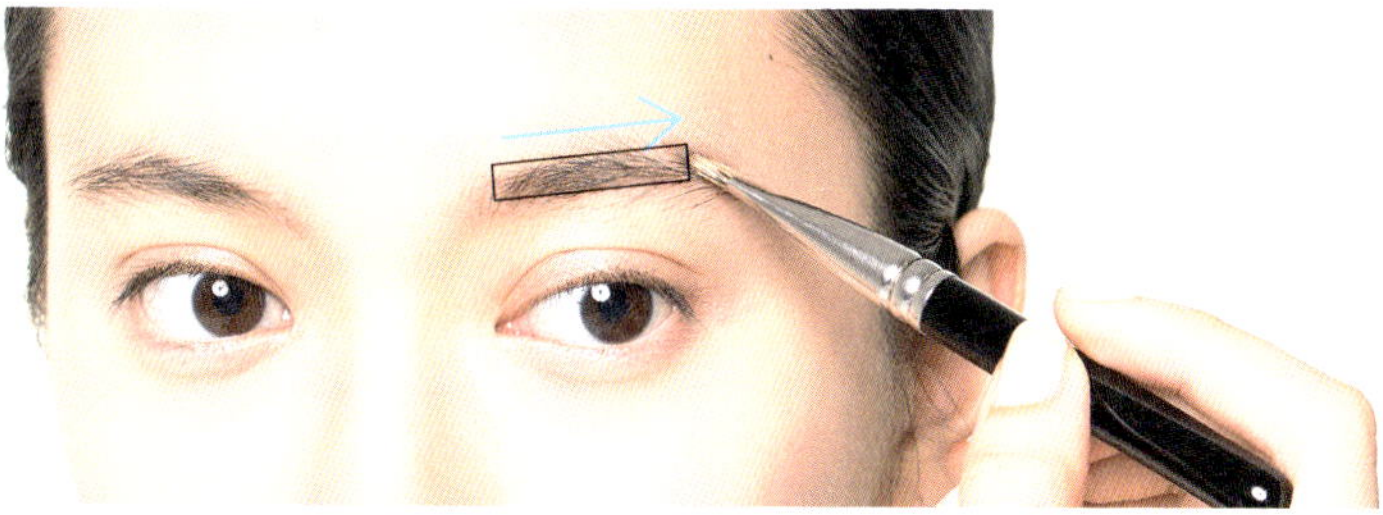

毛の質感をなくさないように、上側は毛の生えているところより少し内側から描く

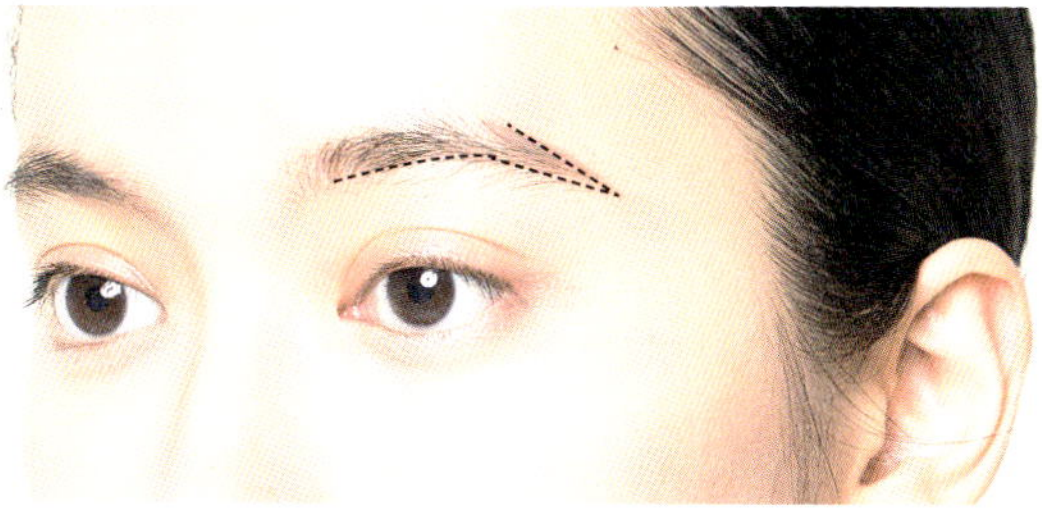

下側と眉尻（96ページ）が若干濃くなるように描くと、目元の彫りが深く見える

NG
細かく縦に描くと、ガタガタになりやすい。アーチを描こうとすると、眉尻が短くなったり、眉が内側に入ってしまい、骨格が引き立たない

眉尻は短いほうが若く、目が大きく見える

最後は、三角の下側の線を描いて、眉尻を完成させましょう。

眉尻の三角は、上が長く、下が短い形になるように仕上げます。四角の終わりから描き始め、眉尻の上側の線の先へと、自然につなげていってください。これで、片眉は完成です。

顔を自然に立体的に見せるには、「顔の外側にいくほど濃く暗く、内側にいくほど淡く明るく」というのが原則です。この原則からすると、眉尻は眉の中で最も顔の外側にあるので、濃くすべき部分ということになります。黒や焦げ茶など、使っているアイブロウのトーンはそれぞれだと思いますが、四角よりやや濃く見えるくらいを目安に仕上げてください。

最後に、正面と横顔を鏡でチェックします。このとき注意してほしいのは、眉尻が長くなりすぎていないかどうかです。長すぎるようなら、綿棒で少し取りましょう。描いている途中で眉が太くなったり、角度がつきすぎたりしたときも、同じようにして取ってください。

眉尻の三角を仕上げる

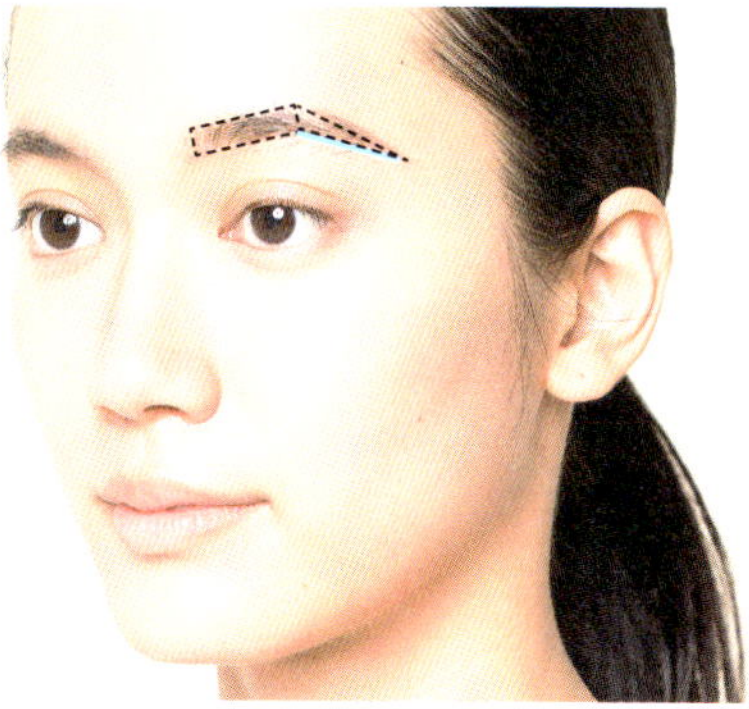

四角と、最初に引いた線の下側を描き、眉尻の三角を仕上げる

眉尻を濃く描くと、立体的に見えるように仕上げたベースの効果が強調される

はみ出たら
綿棒で取る

バランスを見ながら綿棒で微調整する

眉を、左右対称に描くコツ

眉メイクについて多いご相談は、「左右の眉を同じように仕上げたいのに、いつも片方がうまくいかない」というもの。

まずは、自分の描きやすいほうの眉を、ここまでご紹介した方法で仕上げてください。その眉尻の位置を目印にして、反対も同じように、三角の上側の線を引きます。その次は、本来なら四角の中を目頭から目尻側に向かって埋めていきますが、先に四角の中の毛が足りない部分を描き足します。足りない部分が埋まると、左右差はほとんど気にならなくなるので、あとは四角の形を整えるように上下の線を描き、下側をやや濃くします。最後に、眉尻の三角を仕上げれば完成です。

眉尻や眉頭が左右対称に生えていなかったり、部分的に欠けていたりする場合は、パウダーで眉を一通り描き終わったら、さらにリキッドタイプのアイブロウライナーで毛を描き足すと自然です。毛のように細いラインをうまく描くには、なるべく筆先に力を入れずに、スッと動かすのがコツ。毛は本来、根元が太く、先に向かって細くなっているものです。その形状を思い出しながら、スッと力を抜いて描いていきましょう。3～4本くらい描けば、もともと毛が生えているかのように自然に見せられます。

左右対称に仕上げる

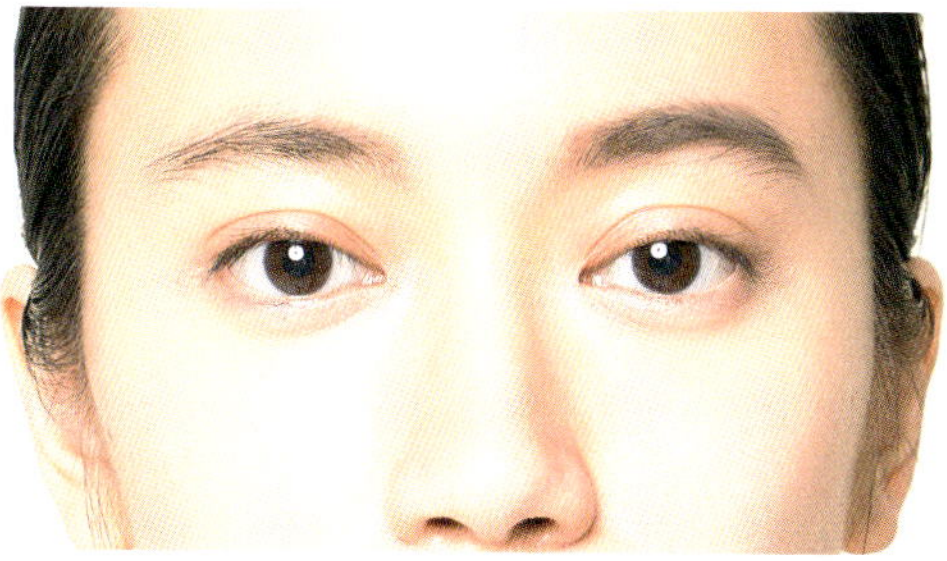

描きやすいほうの眉を仕上げる

1 線を引く

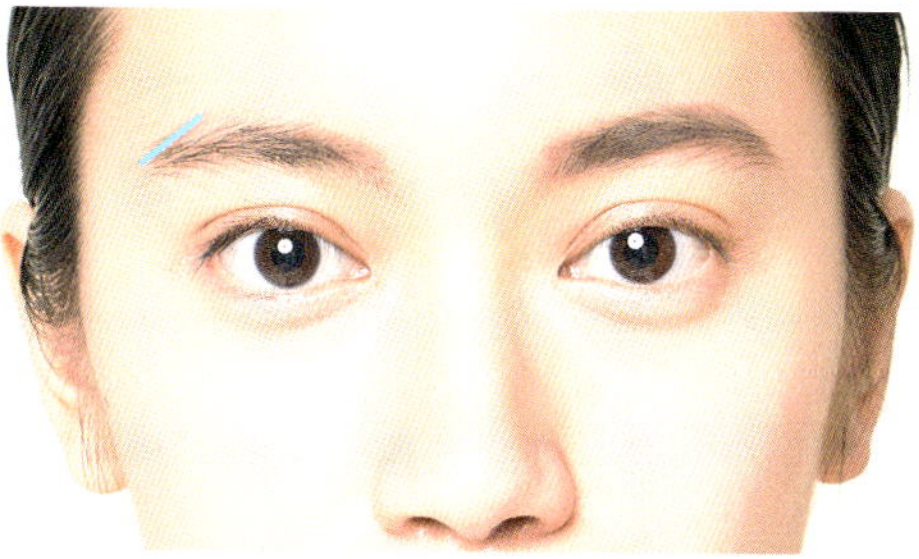

描き終わった眉をよく見ながら、三角の上側の線を引く

眉の毛を描き足すところ

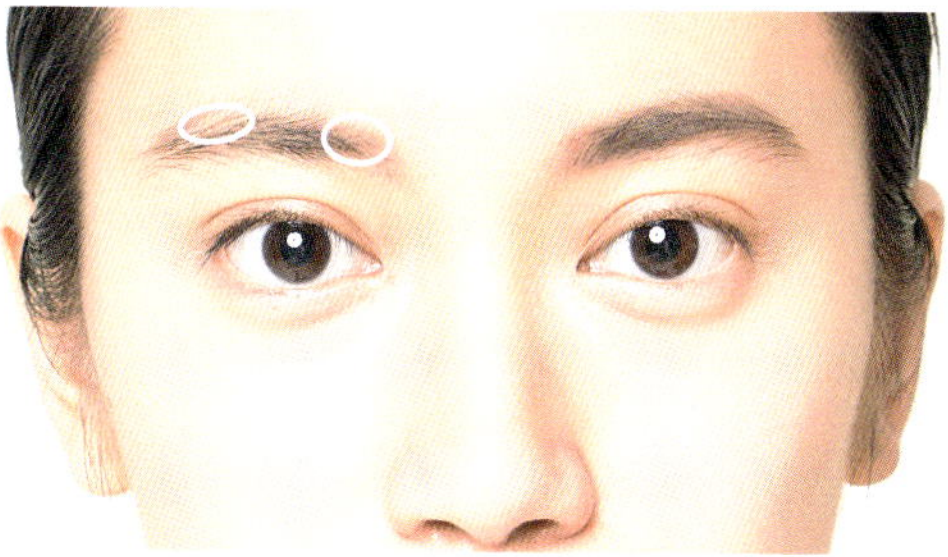

眉が生えていないところや、足りないところを先に描き足して埋める

完成

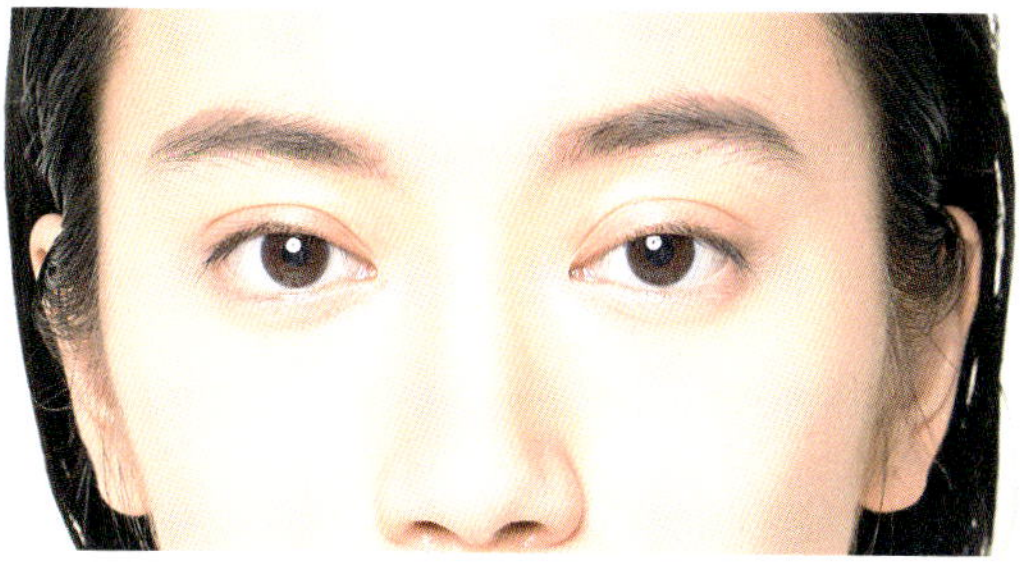

四角と、眉尻の三角を整えて完成

眉頭を、平行にぼかす

眉を描くときは、たいてい眉尻のほうに気を取られがち。ですが、実際に美しい眉は、美しい眉頭から始まっているものです。

描き上がった眉が不自然に感じられるとき、原因の多くは眉頭のスタート地点がぼかせていないせい。眉を描き終わったら、眉頭に指の腹を当てて、眉間に向かって1〜2ミリなぞるようにぼかしましょう。こうすると、眉頭のスタート地点のくっきりした感じが消え、とても自然に見えるようになります。ポイントは、必ず平行に指を動かすこと。下向きになぞると眉頭が下がり、顔まで下がって見えてしまうので要注意。もし、眉頭がもともと下がって生えている場合は、下側の毛を抜いて整えてください。

眉頭の上の部分は、四角いと男性的、角を取って丸くすると女性的な雰囲気になります。男性的に仕上げたい場合は、なぞるときに眉頭の上側を避けるようにしてください。

眉は、これで完成です。従来、自然な眉を仕上げるには、描いてからスクリューブラシでぼかす方法がよく取られてきましたが、ここでご紹介した方法なら、スクリューブラシは必要ありません。もっとふんわりぼかした眉をつくりたいときは、最初からアイシャドウブラシで描くのがおすすめ。スクリューブラシでぼかすよりも、ずっと簡単で自然に仕上がります。

眉頭をぼかす

ぼかし方

眉を描き終わったら、眉頭を中央に向かって1〜2ミリ平行にぼかす

ふんわり眉

自然でかわいいふんわり眉は、アイシャドウブラシで描けば簡単

描き方

アイシャドウブラシで眉をなぞるようにして、3、4回動かす

アイブロウブラシを大きくすると、眉がうまく描ける

「眉は何で描けばいいですか？」というご質問をよくいただきますが、その度におすすめしてきたなかでも、特に喜ばれるのが大きめのアイブロウブラシです。

眉メイクがうまくいかないという人は、今使っているブラシが小さすぎるのが原因かもしれません。眉尻など細かいところを仕上げるためにはいいのですが、それで全体を描こうとすると、手数が増えて時間もかかるうえ、仕上がりがまだらになりがち。でも、ブラシをある程度大きくすれば簡単であっという間。広い四角の部分も、手早く描けるようになります。僕が普段使っているのも、幅が1センチ強とやや大きめのアイブロウブラシです。

筆先は、毛足が短くて固いものを選びましょう。シェーディングのように、粉を軽くのせたいときには長くてやわらかいものが適していますが、しっかり発色させたい場合は、短くて固いもののほうがテンションをかけやすいからです。

大きめのアイブロウブラシでサッサッと作業すれば、時短効果も抜群。忙しい朝にも役立つので、ブラシを替えてみるのはとてもおすすめです。

（左）筆先が大きく、柄が長いので描きやすい　yUKI BRUSH ProSeries 004 Eye Brow brush アイブロウブラシ ￥4,290／yUKI TAKESHIMA　（右）絶妙な固さと筆先の角度で、眉尻まできれいに描ける　G524　アイブロウ　斜め ￥3,500／白鳳堂（私物）

僕が普段から使っている、流行やファッションに左右されず、
長く使えるベーシックなアイメイク＆アイブロウアイテムたち

マスカラ

①僕は必ずこれ！目の下が黒くならず、仕上がりが圧倒的に美しい　マスカラシルエトフェ I　¥5,000／クレ・ド・ポー ボーテ　②コーム状で根元からきれいに塗りやすい　美束ボリュームマスカラ ¥1,800／エテュセ

アイライナー＆アイブロウリキッド

③筆先が細く、まつげのすき間を埋めやすい　ハイパーシャープライナー R 漆黒ブラック ¥1,200／メイベリン　④白目をクリアに見せる自然なベージュカラー　ミネラルアイライナー 03 ベージュ ¥2,800／MiMC　⑤くっきりアイラインも細く繊細なラインもこれ1本で可能　ライナーリキッドアンタンス 1ブラック ¥5,000／クレ・ド・ポー ボーテ　⑥眉毛の足りない部分を描き足すのに最適　フレーミング アイブロウ リキッド ペン 04グレー ¥3,000／SUQQU　⑦下まつげのアイラインに自然になじむグレー　ラブ・ライナー リキッド グレージュ ¥1,600／LoveLiner

ビューラー

⑧伝説のメイクアップアーティストのビューラーを愛用　ケヴィンオークイン ザ アイラッシュカーラー／ケヴィンオークイン（私物）

アイブロウ

⑨どんな骨格の人にもフィットするグレイッシュブラウン　アイブロウ ケーキ パウダー 03トープ／アッシュ ¥1,100（編集部調べ）／NYX　⑩茶色い髪の人に自然になじむ少し赤みのあるブラウン　デザイニングアイブロウ3D EX-5 ブラウン系 ¥1,100／KATE

アイシャドウ

⑪アイブロウとしてもアイシャドウとしても使えるマットなブラウン　スタイリングアイゾーンコンパクト ¥4,200／LUNASOL　⑫色味を感じさせずまぶたに自然な影をつくるグレイッシュブラウン　シングルアイシャドー 5315マットグレートープ ¥2,500／NARS　⑬締め色に最適な濃いグレイッシュブラウン　シングルアイシャドー 5317 マットディープナチュラルトープ ¥2,500／NARS

リップ

唇は主役級の存在感を持つパーツ

唇は、主役級の存在感を持っていて、かつアイブロウ、アイメイクを引き立たせる役割を果たす、重要なパーツです。

ですから僕は、リップメイクにとてもこだわっています。僕のメイクを気に入って指名してくださるのも、多くはリップメイクに目を留めてくださった方たちです。

リップメイクというと、「何色が似合うか」「何色が流行っているか」と、色のことばかりを気にしがちなのですが、その前に大切なことは、きれいに塗れているかどうか。たったそれだけのことが、顔を格段に美しく見せてくれるのです。

そこでこの章では、リップライナー、リキッドルージュ、リップスティックというプロダクト別に、それぞれを自分の唇に似合わせる塗り方をご紹介します。

どんな色、どんな種類のプロダクトであっても、大切なのは仕上がりの質感。カサカサだと唇がしぼんで見えてしまうし、テカテカすぎるのもアンナチュラル。唇が美しく見えて、かつ日常のシーンにもしっくり溶け込むのは、固めのリップクリームを塗った上に色がのっているような、ほどよいツヤと透け感のある仕上がりです。たとえ濃い色のルージュであっても、塗る量と塗り方しだいでは、こうしたカジュアルな質感に仕上げることは簡単に叶います。

唇は大切なポイントとはいえ、実はプロでも上手に仕上げるのが難しいところです。ですから、はじめは思いどおりに仕上がらなくとも大丈夫。

少し時間をかけてもいいので、あせらず美しいリップメイクを目指しましょう。

固めのリップクリームがあれば、ルージュはよれない、落ちない

リップクリーム

理想のリップメイクのために、僕が特にこだわっているのは、リップクリームです。ビューティ撮影の現場では、ツヤのあるリキッドルージュからマットなリップスティックまで、さまざまな質感を再現するように細かく指示が出されます。そうして求められた質感をきちんと再現するためには、ルージュそのものだけでなく、その前に塗るリップクリームが大切だということに気づいたのです。

あらゆるルージュに合うリップクリームは、固めのテクスチャーで、かつ保湿力が高いもの。僕が今まで出会ったなかでも、「これが最高」といえるのは、メイクの先輩からお土産にいただいて知ったポートランド ビーバームです。ネットでも購入できるので、ぜひ一度試してみてください。

一方、固めのリップクリームとは反対に、やわらかくてウォータリーなリップクリームだと、上からルージュを塗ったときにすべってしまいがち。発色しにくく、すぐによれたり落ちたりしてしまいます。「ルージュのもちが悪い」「思いどおりのリップメイクができない」と感じていたら、ルージュよりもリップクリームを見直してみてください。もし今、ウォータリーなリップクリームを使っている場合は、ルージュを塗る前にティッシュで軽く押さえるだけでも、もちや発色が変わるはずです。

すべてのリップ用プロダクトは「にっ」と笑い、シワをのばして中まで塗り込む

リップライナーを使って、唇をきれいな形に整える

ルージュ

「唇の形がバランスよく描けている」というのは、リップメイクの基本。上唇の山がはっきりしていて、そこから口角までのラインはそげないように描かれているのが理想です。鼻の下の間延び感が気になる場合は、特にふっくら豊かなカーブに描くと緩和できます。

こんな風にきれいにルージュを塗りたいとき、多くの人はリップスティックを選ぶと思うのですが、そうするとリップブラシも必要になるのがちょっと面倒。でも、かわりにリップライナーを使えば、道具いらずできれいな唇を描くことができます。リップライナーの特徴は、先が細くて形が描きやすいこと、濃厚な発色で唇の色をカバーできること、そしてもちがいいこと。レッドカーペットなど、タッチアップ（手直し）に入れない現場でメイクをするとき、僕は必ずリップライナーを使います。食事などでルージュの落ちが気になるときにも、とてもおすすめのアイテムです。

リップライナーだけで唇を仕上げるときは、先に輪郭を取ってから内側を塗りつぶします。まず、上唇の山、そして下唇の船底を1センチほど取ります。この船底を長く描くと、下唇が角ばった形に仕上がってしまうので要注意。次に、口角から上唇の山へつなぐように、ふっくらとラインを描きます。最後に、口角から下唇の船底へと、ラインをつなげましょう。

リップライナーの塗り方

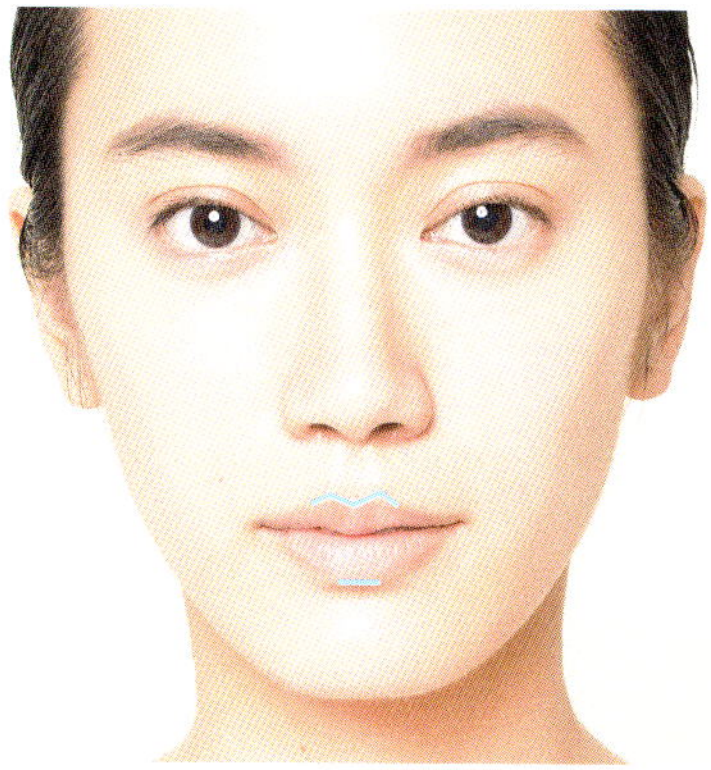

上唇の山の輪郭を取り、下唇の船底の輪郭を1センチほど取る

口角から上唇の山をつなぐ。ふっくらと描くと、鼻の下の間延び感を緩和できる

口角から下唇の船底をつなぐ。下唇のほうは、ボリュームを意識せず自然にラインを描くのがバランスよく仕上げるコツ

完成

最後に、ラインの内側を塗りつぶす。輪郭も内側もきちんと塗られた唇は、華やかな印象

リキッドルージュは、内側からじわっとにじみ出るように塗る

リキッドルージュは、リップスティックとグロスの中間のようなプロダクト。塗り方さえマスターすれば、とても使いやすいコスメです。このリキッドルージュをきれいに塗るコツは、しっかりと唇になじませること。こうすると、もとの唇の色がほどよく透けて、内側からじわっとにじみ出るような発色が叶います。

まず、固めのリップクリームを唇全体になじませてから、ルージュを指に取り、ポンポンと下唇の5ヶ所ほどに置きます。それから、上下の唇をすり合わせてよくなじませましょう。

ポイントは、唇を上下だけでなく、左右にも動かすこと。こうすると、塗り残しがちな口角まで、しっかりと色をのせることができるからです。左右に動かすのは最初だけ難しいかもしれませんが、何度かやってみるとすぐ動かせるようになります。唇のすみずみまで色をなじませるつもりで、まんべんなくしっかりすり合わせてください。

こうして、口角から上唇の山、そして下唇の際まですべてに色がのると、唇がふっくらとボリュームアップして見えます。もし、唇を動かしているうちにルージュがはみ出してしまったら、綿棒かティッシュでやさしく拭き取りましょう。

リキッドルージュの塗り方

リップクリームを唇全体になじませたら、下唇の５ヶ所くらいに指でポンポンとルージュをのせる

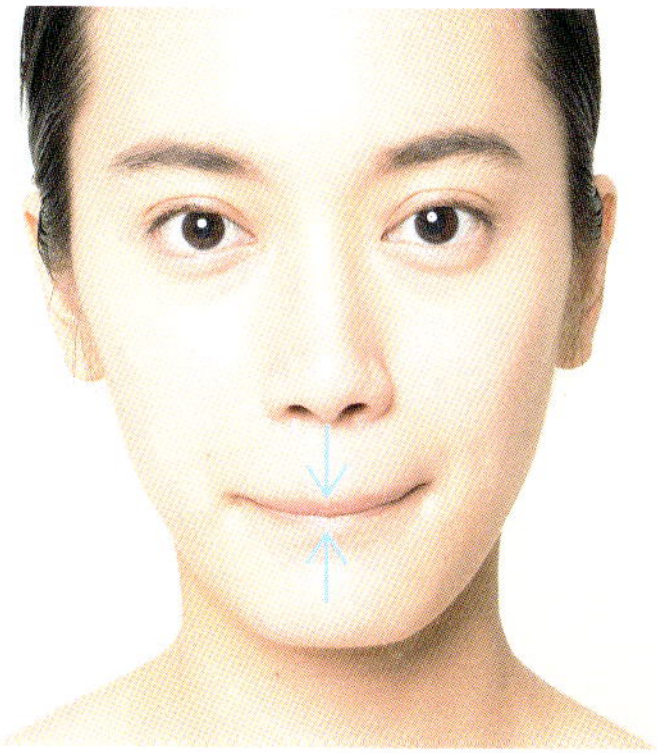

上下の唇をすり合わせてなじませる

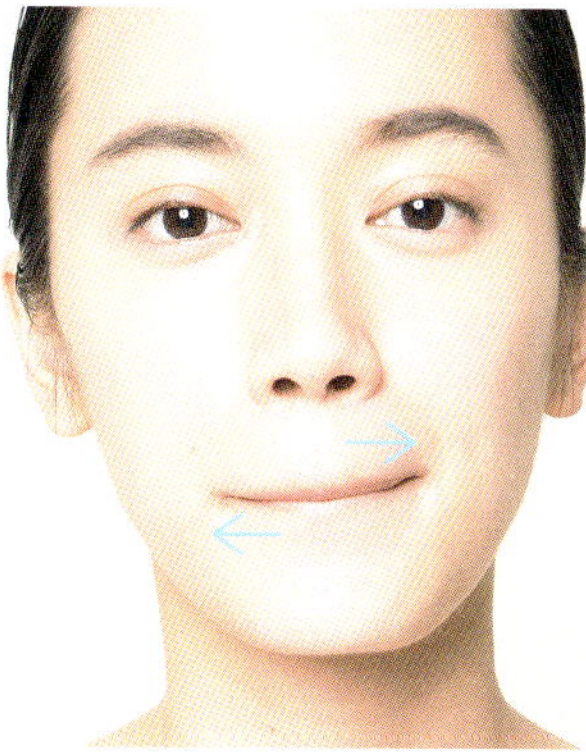

左右にも唇を動かしてしっかりなじませる

完成

はみ出たところを拭き取り、
全体を整えたら完成

ポイント

口角がきちんと塗れていると、
美しく見える

リップスティックは、上唇の山の形を取ってから塗る

リップスティックは発色にすぐれている分、仕上がりの精度を問われやすいプロダクトです。きれいに塗るコツは、上唇の山の形をきちんと取ること。これは、美しい唇の基本です。特別な日は、リップブラシを使って丁寧に描くのがおすすめですが、それ以外のシーンには指を使ってもＯＫ。リップブラシを使わなくとも、薬指など細い指の先を使えば、きれいに山の形をつくることができます。

まず、指にリップスティックを取り、上唇の山に指先を軽く当てるようにして、形をつくります。それから、唇の内側から外側に向かって、指でポンポンと色をのせていきましょう。

こうして指だけでラフに仕上げると、赤などはっきりした色のリップスティックも、とてもすんなりなじむもの。肌に自然に溶け込んで、デイリーなシーンにも浮きません。

もっとふんわりと仕上げたいときには、意外にもアイシャドウブラシがおすすめです。マットなタイプのリップスティックをブラシに取り、唇の内側から外側に向かって塗っていくと、まるでエアブラシでぼかしたような質感に。色つきのリップクリームと、真っ赤なルージュの中間のような発色で、メイク感を出さずにやわらかで印象的な唇をつくれます。

リップスティックの塗り方

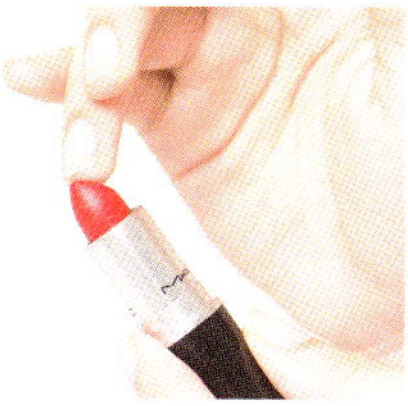

薬指の先にリップスティックを取り、上唇にピタッと当てて山の形を取る

唇の内側から外側に向かって、指でポンポンと色を全体にのせていく

完成

完成。山の形が取れていると、ラフな仕上がりでもきちんと見える

ふんわりと塗る

ふんわりした印象の唇に仕上げるには、マットなリップスティックをアイシャドウブラシでぼかしながら塗る。メイク感を出しすぎず、血色感のある、いつもと違う唇に

正統派美人に見える色は、「ローズベージュ」

どんな色のルージュでも、塗る量や塗り方しだいで似合わせることはできるので、基本的には何色を塗っても構わないと僕は思っています。

けれど、「誰にでも似合って幅広く使える、基本のリップカラーは?」と聞かれたら、僕が推すのはローズベージュです。これが、誰に塗っても「正統派の美人に見える」と大絶賛される色なのです。

肌なじみのいいベージュでありながら、ほんの少しだけ青みピンクが入っているような微妙なローズの色味が、いい意味で肌のトーンに逆らい、唇にほどよい存在感を生み出します。それが、アジア人のイエロートーンの肌には特によく映え、誰に塗っても美人に見えるのだと思います。

見た目にはくすんだ感じなので、知らないと敬遠してしまうかもしれませんが、モデルや女優に塗ると、必ず「このルージュ、どこの?」と聞かれるのがこの色なのです。

選ぶときの目安は、ベージュと青みのバランス。肌になじみすぎて唇の存在感が消えてしまったり、顔色が悪く見えたりしないように、ちょうどいい色味を探していきましょう。

赤リップの日は、ベースメイクの後リップから塗る

リップメイクを生かすには、顔のほかのパーツとのバランスを考えながら行なうことが大切です。「ルージュを塗るのは、なんとなくいつもメイクの最後」という人は多いかもしれませんが、これはメイクを難しくさせます。ルージュに合わせて、眉やチークの濃さを調整することはプロでも難しいのです。特にチークは、一度塗ってしまうと消すことが困難。無計画にメイクを進めてしまわないように、注意が必要です。

たとえば、赤やブラウンなど濃い色のルージュを使うときは、そこをメイクのポイントと考えましょう。ベースメイクを済ませたら、ほかのポイントメイクを始める前に、まずルージュを簡単に塗ります。すると、眉や目、チークのちょうどいい濃さがつかみやすく、バランスのいいメイクに仕上がるのです。ちなみに、この時点ではまだきちんと塗らなくとも大丈夫。バランスを確認するためだけに軽く色をつけておいて、最後に丁寧に仕上げるようにすればＯＫです。

唇のほかにも、眉と目はメイクのポイントになり得るパーツです。今日はどこをポイントにしたいのかを先に決めて、そこをざっくりつくってから全体を進めるようにすると、メイク全体のバランスが取りやすく、理想の顔に近づけます。

5
BLUSH

チーク

究極のチークは、自然に上気した子どもの頬のような血色

ひと刷毛でパッと、顔に明るい華やぎを与えてくれるチークが、僕は大好きです。チークの質感や表現方法に合わせて、チークブラシを5本以上持っているほど。ですが、僕がメイクの勉強を始めてから、一番つまずいたのもチークでした。

チークは、自然に見せるのがとても難しい工程です。たとえば、ブラシをくるくる回して丸く入れると、中心ばかりが濃くなったり、円が大きくなりすぎたりして、頬が下がって見えてしまいがち。頬骨の下に斜めに入れると、シャープになりすぎて老けたように見えてしまうこともあります。

なんとかきれいに見えるチークの形はないかと、いろいろ研究を重ねてきた結果、見つけたのが「3方向にブラシを動かす」という方法です。

①耳から前へ動かし、②そこから真下に下ろし、③1と2の頂点から斜め後ろに下ろすと、三角のような形がうっすらできあがります。これは、人間の体の自然な反応として血色が出るときと同じ形。小さな子どもの頬が上気したときもそうですし、中世の絵画の人物の頬も、こうして描かれています。

この形こそ、誰でも頬がリフトアップして、左右のバランスも整って見える、最も自然なチークの形です。しかも、どんなに不器用な人でも、簡単に入れることができるのです。

僕は今、ナチュラルメイクを行なうときには、いつもこの方法でチークを入れています。人種や年齢を問わず、誰もが素敵に見えるチークの入れ方はこれしかないと断言できるほどです。

ただ、ひとつ注意していただきたいのは、チークはあまり目立たせないほうがいいということ。日常生活のなかでチークを入れすぎると、メイクそのものが濃く見えてしまいます。顔を自然に美しく見せるためのメイクの中では、「アイメイクとリップメイクの間をつなぎ、双方のバランスを取る」というのがチークの役割。あくまで自然な血色として、顔を引き立てるような入れ方がベストです。そうした、チークのすべてについて、この章では詳しくご紹介します。

顔を小さく、若く、明るく見せるチークの入れ方はひとつしかない

チーク

誰でも頬がリフトアップして、かつバランスよく見えるチークの入れ方は、ブラシを3方向に動かす方法です。まずは、入れる位置について、写真を見ながら把握しましょう。

チークは、耳の前から黒目の外側、そして唇の山の上あたりにかけて、三角のような形に入れます。三角形の頂点から、だんだんと顔の外側へ向かって薄くぼかせているのが理想です。

チークを上手にぼかしながら入れるためには、あらかじめフェイスパウダーで土台をつくっておきましょう。「ブラシでチークを置いたら、そこにだけ濃くついてしまってうまくぼかせない」ということがありますが、これはリキッドファンデーションの油分に粉が引っかかってしまうせい。ファンデーションの上に直接のせるのではなく、フェイスパウダーで粉すべりをよくしておくのが、チークをきれいにぼかす簡単なコツです。

また、ブラシにチークを含ませたら、顔にのせる前にどのくらい発色するかを確かめることも大切です。チークによっては、思った以上に濃くつくこともあれば、その反対の場合もあるもの。特に、2回目以降につけるときは、粉の量をよく見極めることが大切。確かめるときは、ティッシュではなく手の甲で行ないましょう。

チークを入れる位置

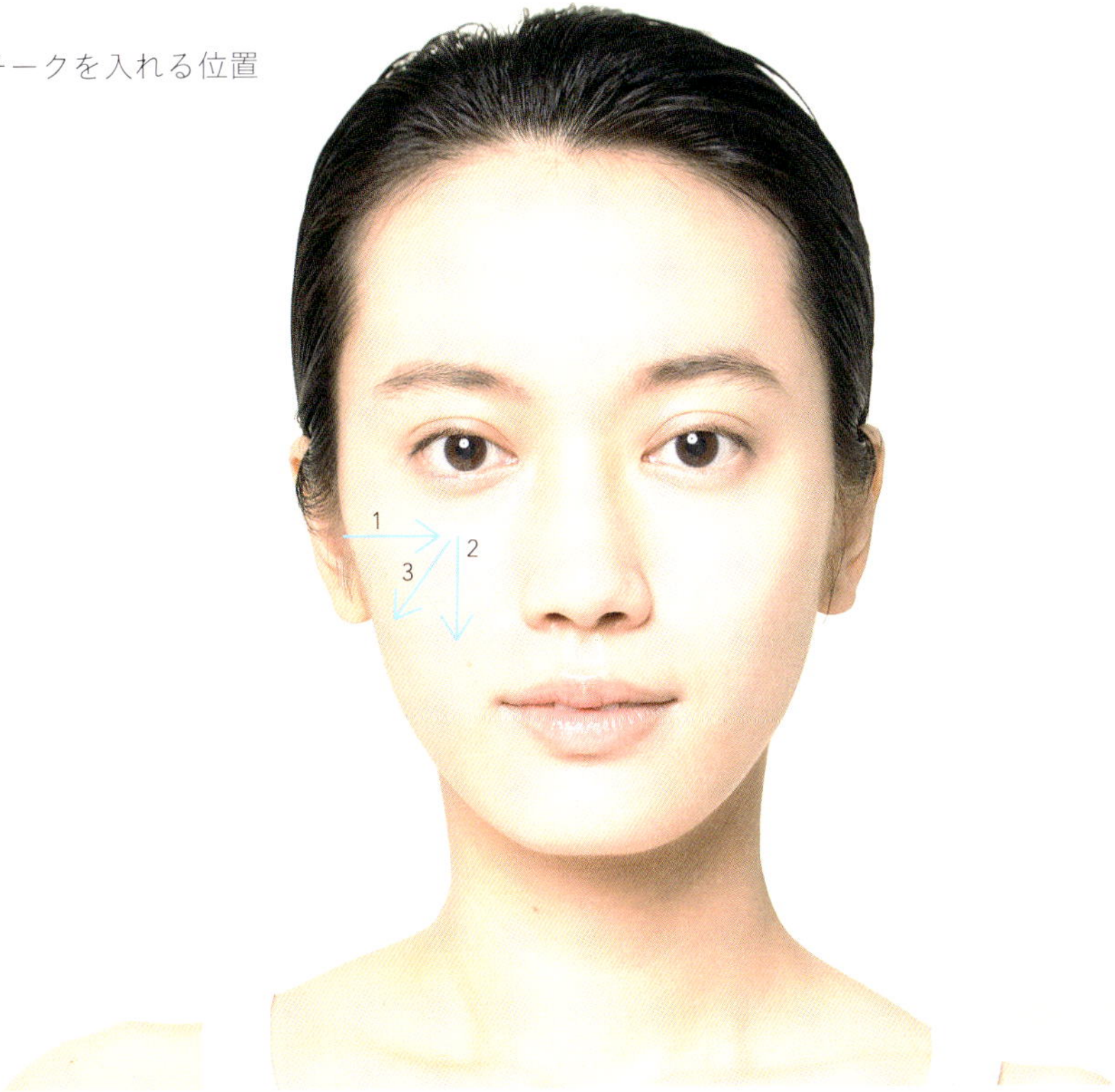

耳の前からまっすぐ黒目の外側まできたら、まっすぐに下ろし、頂点から顔の外側へ

side

NG

大人世代の場合、頬の中心に丸く入れると
顔が膨張して見えることも

チークは、耳の前からきて、まっすぐ垂直に下ろす

3方向にブラシを動かすチークの入れ方は、とても簡単。入れる位置をきちんと把握していれば、形で失敗してしまうことはありません。リラックスして、軽い力でブラシを動かしていきましょう。

まず、チークをブラシに含ませたら、耳の前から黒目の外側に向かって、まっすぐブラシを動かします。次は、そこから真下に向かって垂直にブラシを下ろします。このとき、上唇の山を越えると、目から唇までの距離が長く見えて、間延びしたような顔になってしまいます。最後は、三角の頂点から斜め下へひと刷毛。ここまでの工程を、途中でチークを足さずに続けて行なってください。

濃さが足りないと感じたら、最初から工程をもう一度繰り返しましょう。一度つけると、もとに戻すのは難しいので、少しずつ慎重に足していってください。

チークを入れ終わったら、最後に粉が残ったブラシで額の両側とあご先をひと刷毛してみてください。さりげないのですが、こうするとチークの色だけが顔から浮くことなく、顔全体がまとまった印象になります。

チークの入れ方

耳の前から、黒目の外側までまっすぐに

チークをブラシに取るときは、
垂直にすると均一に粉を含ませられる

黒目の外側から、
上唇の山の上あたりまで垂直に下ろす

三角の頂点から斜め下へひと刷毛

チークのちょうどいい濃さの見極め方

チークを最も効果的に見せるコツは、さりげなく仕上げることです。

ファッション撮影などではチークをポイントにしたメイクをすることもありますが、これは服や小物とのバランスを計算して行なう、非日常の高度なメイク。日常生活のなかでは、「アイメイクとリップのつなぎ役」くらいにとどめておくのがベストです。その人の顔を想像しても、チークは思い出せないくらいのさりげなさを目安にしましょう。

「そんなに薄いほうがいいなら、いっそチークは省略してもいいのでは」と思われるかもしれませんが、必ずしもそうとはいえません。日常のメイクで、目と唇の間にファンデーションしかついていないと、間の空白がなんとなく気になったり、顔全体のまとまりが感じられなかったりすることがあります。そこを、自然な血色としてちょうどいいバランスにまとめるのが、チークの役割です。

さらに、ベースメイクで明るくした部分をチークの色がより引き立てて、立体感を増してくれる効果もあります。ところが、あまり濃く目立ってしまうと、顔の中にポイントが増えすぎてトゥーマッチな印象になってしまうわけです。メイクに大切なことは、バランスと調和。どちらも整っていてこそ、自然でいて見違えるほど美しいメイクになります。

チークは、
「こんなに明るくて
大丈夫？」
というくらい
クリアな色を

僕は普段、どんな年齢の人にも明るいピンクのチークを使っています。ちょっとびっくりするほどクリアな色ですが、本当に肌を明るく、血色よく見せてくれるチークとは、こういう色なのです。

「年齢を重ねたら、少しくすんだ色のほうがなじむ」とはよくいわれることですが、大人になったからといって、くすんだ色を選ばなければいけないとは僕は思いません。むしろ、くすみを足せば、若い人でもそれだけで顔はくすんでしまいます。せっかくほかの工程で顔を明るくしても、チークの色選びによっては、顔全体のトーンを下げてしまう場合もあるわけです。

人間がもともと持っている血色は、意外に明るくクリアな色。ですから、チークは「こんなに明るい色で大丈夫？」と思うくらい、くすみのない色を選ぶのがおすすめです。

見た目の色はあざやかでも、ブラシでのせれば薄く透けたように発色するので、意外と自然。ほどよい血色を与えてくれるだけでなく、肌の透明感も増して、トーンアップして見えます。ぜひ、クリアな色のチークの効果を実感してみてください。

テクニック以上に
チークの仕上がりを
左右するのはブラシ

チークを上手につけこなすには、チークブラシの選び方と使い方がとても大切です。

まず、チークブラシを選ぶときは、使うチークの特徴に合わせるのがコツ。チークはおもに、粉がやわらかくて濃く発色しやすいもの、反対に固くて発色しにくいものとに分けられます。

濃く発色するものに適しているのは、毛足が長くてやわらかいブラシ。毛先にテンションがかかりにくいので、粉を削りすぎず、うっすらとのせることができます。対して、発色しにくく固いチークの場合は、毛足が短く、少し固めのブラシを使ってみましょう。こちらは、粉をしっかりと多めに削り取ることができます。

そして、チークブラシを使うときは、チークに対してブラシの毛先を垂直に当てることが大切です。毛先が斜めに傾いていたりすると、粉の含みが偏ってしまい、ムラなくきれいにつけることができません。これは、チーク以外のプロダクトにも同じことがいえます。

（左）僕が普段使っている、毛足が長くやわらかいチークブラシ（私物）　（右）適度なこしがあり、やわらかいチークにも固いチークにも使える万能ブラシ　yUKI BRUSH ProSeries 002 Cheeck brush チークブラシ ¥4,770／yUKI TAKESHIMA

ナチュラルなメイクで美人に見せたいときに使うリップ＆チーク。
こだわりのリップクリーム、「もとから唇の形が完璧」と思わせる
ナチュラルなローズ＆ベージュのリップライナー。
くすみを一瞬で飛ばす明るくクリアなチークなど、正統派美人をつくる色味

リップクリーム
⑦唇に膜を張ったようにピタッとルージュが密着して取れにくくなるリップ　イヴロム　キスミックス／イヴロム（私物）
⑧うるおいが驚くほど続く。オーガニック100％でマットな質感も◎　ポートランド ビーバーム　オレゴンミント ￥720（編集部調べ）／ポートランド ビーバーム
リップライナー
⑨もとからこんなにきれいな唇なの？と思うほど自然なベージュ　THREE リファインドコントロール リップペンシル02 SWEETEST EVOLUTION ￥2,500／THREE　⑩わずかな青みが正統派美人の雰囲気を生む、ローズベージュ　THREE リファインドコントロール リップペンシル04 INTO THE FRESH ￥2,500／THREE　⑪固めのペンシルなら、取れにくく美しい形が長く続く　リップ ペンシル サブカルチャー ￥2,400／M・A・C

チーク
①くすみを払って血色を与えるクリアローズ　THREE チーキーシークブラッシュ 03　SACRED DIMENSIONS ¥3,000／THREE
②一見くすみ色？に見えて、肌にのせると明るくクリア　シアトーンブラッシュ ブラッシュベイビー ¥3,200／M・A・C
リップスティック
③肌なじみがよく、適度な華やかさもあるローズベージュ　ディグニファイド リップス　24 ルノワール ¥3,200／Celvoke　④定番カラーとして人気のマットな赤　リップスティック ロシアン レッド ¥3,000／M・A・C
リキッドルージュ＆リップグロス
⑤マットなベージュのリキッドルージュ　パワーマットリップピグメント 2764 ¥3,700／NARS　⑥唇をうるおわせ、ツヤとボリュームを出すグロス　ディオール アディクト リップ マキシマイザー 001 ピンク ¥3,700／Dior

スキンケアやボディケアに、好きなものや
リラックスできるものを使うと、気分も上がり内側から美人オーラが。
僕が撮影現場でメイク前に使っているものをご紹介します

①本物のバラの花びらが入った化粧水。保湿力が高く、香りに癒される　Fresh ROSE DEEP HYDRATION FACIAL TONER(私物)　②愛する人を抱きしめたときのような優しい気持ちで満たされるボディオイル　uka Body Oil Hug 100㎖ ¥6,500／uka　③乾燥しがちな目元の保湿に。化粧直しのときに塗っても◎　トリプルブルー コンセントレイト（目元用クリーム）15㎖ ¥6,500／ネロリラ ボタニカ　④顔のリフトアップは頭皮から！頭皮マッサージに　uka scalp brush kenzan　¥2,000／uka　⑤乾燥が気になる部分に使うほか、MiMCのファンデーションの下地としても　エッセンスハーブバームクリーム ¥3,800／MiMC

Shoplist

uka Tokyo head office
03-5843-0429

MiMC
03-6455-5165

クレ・ド・ポー ボーテ
0120-86-1982

THREE
0120-898-003

NARS JAPAN
0120-356-686

白鳳堂
0120-1425-07

パルファン・クリスチャン・ディオール
03-3239-0618

M・A・C
0570-003-770

yUKI TAKESHIMA
http://yukitakeshima.com

※コスメはすべて税別表記です
掲載商品はすべて、2019年10月16日時点での情報です

おわりに

今年の元旦、漠然と「今年は『シェア』をする一年にしたい」と思った僕は、メイクレッスンを始めました。そのために訪れた大阪で、uka代表の渡邉季穂さんの出版トークイベントに飛び入り参加させていただいた際、編集者の長久さんにお声がけいただいたことから、思いがけずこの本の制作がスタートすることになりました。

メイクアップアーティストの仕事には、センスや、感度の高いデザイン提案を求められる「アーティスト」という面と、こんな風にしてほしいというリクエストに忠実に、かつ確実に応える「技術者」という、2つの面があると感じています。

この本では、後者の「技術者」になる過程で僕が気づいた、どんな人にも施せる「バランスと調和」のメイクテクニックを、シンプルに5つの工程に分けてご紹介しました。これらの5つの工程は、「顔を、いかに立体的に見せるか」というところが、共通のテーマになっています。

かつての僕は、少しずつちょこちょこと無計画にメイクをすることで、よけいな時間と手間をかけてしまっていました。でも今は、この5つの明確な工程があるおかげで、限られた時間の中でも、確実にかつ効果的にメイクを仕上げることができるようになっています。

とはいえ、初めてお会いするさまざまなお相手に対して、短時間で完璧にメイクを施すのは、やはり簡単なことではありません。その人の造形の美しさをしっかり見極めるには、それなりの時間がかかるもの。

ですから、この本を手に取ってくださった皆さんにも、ご紹介したテクニックを毎日のメイクで少しずつでも試していただきながら、自分の顔を知り、自分にしかない美しさを見いだしていただけたらと思います。

せっかく毎日メイクをするなら、手数が少なくて、効果的な方法で！

この本が、皆さんの毎日のメイクの道しるべになれば幸いです。

20歳で美容のプロを志してから、20年。今こうして笑顔で仕事ができているのは、今まで支持してくださったお客様、先生、先輩方、所属事務所のおかげです。そして、今年の抱負であった「シェア」を形にする機会をくださった長久さん、ライターの植田さん、カメラマンの岩澤くん、モデルの甲斐まりかさん、デザイナーの渡部さん。普段メイクをさせていただいている皆様。そのほか、制作に関わってくださった多くの方々、そして僕の大切な友人たちと家族に、この場を借りてお礼を申し上げます。

僕が「美しい」と思う人は、よく笑います。メイクアップの完成度は大切ですが、美の究極の秘訣とは、よく笑うことなのかもしれません。

2019年10月　佐伯裕介

［著者］
佐伯裕介（さえき・ゆうすけ）
メイクアップアーティスト（eight peace所属）
ヘアサロン勤務を経て独立した後、世界的メイクアップアーティスト和田吉元氏に師事。2009年にフリーランスとして活動を開始。2010年に渡米。帰国後は、雑誌、広告、映像、ショーメイクなどを幅広く手掛け、日本をはじめ、韓国、中国などのアジア圏を中心にグローバルに活躍。計算し尽くされたメイクテクニックと、仕上がりの圧倒的な美しさが話題となり、アジアを代表する女優・モデルから「ここぞ！」という仕事で指名されるなど、絶大な信頼を得ている。人種、年齢、顔立ちに関係なく、すべての人の顔を「誰が見ても美しいと感じるバランス」に導くメイク法は、メイクのテイストや流行に左右されない、普遍的なテクニックとして支持されている。

インスタグラム https://www.instagram.com/yusukesaeki/

自分のままで圧倒的に美しい

2019年10月16日　第1刷発行
2019年12月5日　第2刷発行

著　者――佐伯裕介
発行所――ダイヤモンド社
〒150-8409　東京都渋谷区神宮前6-12-17
http://www.diamond.co.jp/
電話／03･5778･7234（編集）　03･5778･7240（販売）

ブックデザイン－渡部浩美
写真――岩澤高雄（The VOICE）、
Cecy Young（SIGNO）P15, 27, 53, 59, 75, 87, 107, 123
モデル――甲斐まりか（irving）
ヘア――佐藤知子（mod's hair）
P15, 27, 53, 59, 75, 87, 107, 123
衣装――入江陽子（TRON）
P15, 27, 53, 59, 75, 87, 107, 123
DTP――アイ・ハブ
校正――鷗来堂
製作進行――ダイヤモンド・グラフィック社
印刷・製本―三松堂
編集協力――植田裕子
編集担当――長久恵理

ISBN 978-4-478-10910-6